監修者――木村靖二／岸本美緒／小松久男／佐藤次高

［カバー表写真］
『東方見聞録』を手にするマルコ。ただしこの本は後世印刷刊行されたイタリア語訳。
（ジェノワ庁舎のモザイク画）

［カバー裏写真］
はじめて印刷刊行された『東方見聞録』の口絵
（1477年，ニュールンベルグ）

［扉写真］
マルコと父と叔父
（フィレンツェ，サンタ・マリア・ノヴェッラ教会フレスコ画の一部。1366〜68年。中段中央に本を手にするマルコ，左へ一人おいてあごひげのあるニコロ，さらに左へ一人おいてマテオ。）

世界史リブレット人35

マルコ・ポーロ

『東方見聞録』を読み解く

Ebisawa Tetsuo
海老澤 哲雄

目次

マルコ・ポーロの資料としての『東方見聞録』

十三世紀初め、モンゴルの勢力が台頭し、とくに一二四〇年前後にその軍団が東ヨーロッパの国々を襲った。このできごとは西ヨーロッパの国々にも大きな衝撃を与えた。このことがきっかけとなり、西ヨーロッパの人々がはじめて未知の東方のアジアに足を踏み入れることになる。

一二四〇年代中頃、ローマ教皇インノケンティウス四世▲は、ふたたびモンゴル軍団が侵攻してくることのないようにモンゴルに使節を派遣することにした。その使節に選ばれたのがカルピニ修道士▲である。同修道士は教皇の書簡をもって陸路でモンゴルの宮廷に向かい、当時の君主グユク▲の返書を持ち帰った。ついで一二五〇年代前半、十字軍遠征中のフランス国王ルイ九世▲は、モンゴ

▼インノケンティウス四世（一一九五頃～一二五四）　ジェノワ出身。一二四三年教皇となる。四五年、教皇と対立していた皇帝フリードリヒ二世の廃位を宣言した。

▼カルピニ修道士（一一八二頃～一二五二）　現イタリアのカルピーネ出身のフランシスコ会修道士。教皇よりモンゴルに派遣された。グユクと接触し、その書簡を持ち帰り、モンゴルの内情を記した報告書を作成した。

▼グユク（在位一二四六～四八）　モンゴルの第三代君主。父オゴデイの没後五年、一二四六年に後継の君主に選定された。カルピニはその前後の宮廷の様子を伝えている。

▼ルイ九世（在位一二二六～七〇）　フランス、カペー朝第九代国王。一二四八年に十字軍遠征に出発、のち現地でルブルク修道士をモンゴル領へ派遣した。のち七〇年、再度十字軍遠征を企てチュニスで没した。

ルの一王侯がキリスト教に改宗したという噂を聞くと、布教と情報収集のためにルブルク修道士▲をモンゴル領に送り込んだ。同修道士はモンケ▲の宮廷に達し、数カ月滞在したのちに帰還した。

この二人の修道士は、自らの見聞にもとづく東方の貴重な情報を西ヨーロッパにもたらした。ただ、両修道士とも滞在したのはモンゴル本土であり、中国には足を踏み入れていない。中国に関する情報も伝えてはいるが、わずかである。

ところが、マルコ・ポーロ（一二五四〜一三二三。以下マルコ）の場合、一二六〇年代から八〇年代にかけて十数年も現地中国に滞在したのである。当然、その『東方見聞録▲』におさめられた情報の豊かさは、右の両修道士の報告とは比べものにならない。今日に伝わっているルブルク修道士の旅行記の写本が数種にとどまっているのに対し、『東方見聞録』の場合は一四〇種あまりにのぼるという。当時の人々に広く読まれたことを物語っている。アジア各地の商人や商品についての記述は意外に乏しいが、当時のアジアを知るうえで貴重な資料を提供していることはいうまでもない。

▼**ルブルク修道士**（一二二〇頃〜九三頃）　現フランスのルブルキー出身のフランシスコ会修道士。ルイ九世よりモンゴル領に派遣された。モンケの宮廷に六カ月滞在ののち帰還し、『旅行記』を著わした。

▼**モンケ**（在位一二五一〜五九）　モンゴルの第四代君主。

▼**『東方見聞録』**　日本語訳数種のうち約半数はこの書名を用いる。中国では『(馬可・波羅)游記』『(同)行紀』、欧米では『世界の記述』『旅行記』を書名として用いているが、イタリアでは『百万(il milione)』である。

『東方見聞録』を開くと、まず「序章」では次の三つについて、それぞれの概略が記されている。

(1)マルコの父ニコロと叔父マテオ二人の、往復とも陸路による東方旅行
(2)マルコも加わった三人の、陸路による東方への旅と長期にわたる中国滞在
(3)海路による帰国の旅

右のうち(1)の東方旅行にはマルコ自身は加わっていないから、のちに父ニコロか叔父マテオから聞いた話を骨組みとし肉付けしたのであろう。

「序章」に続く「本文」は、次の四つの部分に大別できる。

(1)陸路による往路沿い（西アジア・中央アジア）
(2)フビライ治下の中国
(3)海路による帰路沿い（東南アジア・インドなど）
(4)イル・ハン国、キプチャク・ハン国事情

右のように、この人物は大旅行を成しとげ、しかも精細な記録を残している。しかし、実際にマルコについて『東方見聞録』で調べようとすると困ることがある。同時代人のルブルク修道士やイブン・バトゥータ▲の旅行記には、それな

マルコと父と叔父　右から左へマルコ、父、叔父（いずれも上段、正面を向いている）。

▼イブン・バトゥータ（一三〇四〜六八）　モロッコのタンジール出身。一三二五年より聖地メッカをはじめとするイスラーム圏各地をめぐり、元朝治下の中国にも赴いた。長編の『旅行記』を著した。

りにどんな旅であったか記されている。それに対し、この書物はたしかに内容は豊富ではあるが、アジア大陸横断という陸路の旅、中国からイランにいたる海路の旅がどのようなものであったか、ほとんど記されていない。さらには、十数年と長く滞在した中国での生活についても、マルコは父・叔父と一緒に暮らしていたのか、どのように収入をえていたのか、残念ながら、ほとんど言及していないのである。

　この冊子では、マルコの人物像を、とくにその中国滞在期を中心に浮び上がらせたいと思う。その場合、当時の中国の文献で今日に伝わっているものは少なくないから、そのなかにマルコのことが記されていればいいのだが、残念ながら、なにも記されていない。やはり基本的には『東方見聞録』の記述に頼ることになる。その記述も、当然のことながら、マルコが見聞したことのうちのごく一部であり、マルコなりに取捨選択を加えたものである。作為した記述も含まれ、額面どおりには受けとれないものもあるかもしれない。こうしたことを踏まえ、注意深く読み解き、表面からばかりでなく、その裏面に隠されている情報をも引き出すように努めたい。

『東方見聞録』は、日本では一九一二年以来、数種の翻訳が刊行されてきた。今日、日本でもっとも普及しているものは、愛宕松男訳注『東方見聞録』1・2（平凡社、一九七〇・七一年）であろう。本書は英語訳本からの翻訳である。その英語訳本は、初期テキストの一つ（中世フランス語原典fr.1116）を基礎にし、他の写本・刊本から言葉を補った集成本のイタリア語訳にもとづくものである。この愛宕訳注本は中国史料による註が豊富である。

そのほかの翻訳としては、月村辰雄・久保田勝一訳『全訳 東方見聞録――「驚異の書」fr.2810写本』（岩波書店、二〇〇二年）、月村辰雄・久保田勝一訳『マルコ・ポーロ 東方見聞録』（岩波書店、二〇一二年）がある。月村・久保田訳（二〇〇二年刊行）は、初期テキストの一つ（中世フランス語fr.2810）から直接、日本語に翻訳したもので、訳文は読みやすく、色刷りの豊富な挿絵を収録している。同二〇一二年刊は右のいわば普及版で、挿絵はやや少なくなり、色刷りではない。

マルコ・ポーロ、ルスティケッロ・ダ・ピーサ（高田英樹訳）『世界の記――「東方見聞録」対校訳』（名古屋大学出版会、二〇一三年）は、代表的なテキスト三種を全訳し対比した労作で、学術的価値が高い。訳者は、マルコ・ポーロ研究の第一人者であり、この訳書のほかに数多くの論文を発表している。本冊子も、その研究によるところが少なくない。

以下の文中では、『東方見聞録』は『見聞録』と略し、同書の序章は単に「序章」と記す。文中で「愛宕訳」と記すものは愛宕松男訳注『東方見聞録』を、「高田訳」と記すものは高田英樹訳『世界の記——「東方見聞録」対校訳』を指している。

①—父ニコロと叔父マテオの第一次東方旅行

ニコロとマテオ、モンゴル帝国領内へ

「序章」の冒頭ではまず、世界諸地域を踏査してきたマルコの報告が信頼のおけるものであることを強調し、これがジェノワの牢獄でマルコが口述し、ルスティケロ▲が筆記してできあがったものであることを述べている。

ついで一二六〇年、父ニコロ・ポーロと叔父マテオ・ポーロ(以下ポーロ兄弟)が、ヴェネツィアから商品をもってラテン帝国▲のコンスタンティノープルへわたったことを記している。

ヴェネツィアとコンスタンティノープルとは地理的に決して近接しているとはいえないが、歴史的に深いつながりがあった。ヴェネツィアはよく知られているように、アドリア海に面した、商業活動の活発な、イタリア半島有数の海港都市であった。早くからその船団により、海軍力が弱いビザンツ帝国を助けていたので、その見返りに商業活動のうえで便宜を受けていた。

その後一二〇四年、第四回十字軍▲がビザンツ帝国の首都コンスタンティノー

▼ルスティケロ　十三世紀、ピサ出身の物語作者(生没年不詳)。一二八四年、ピサ・ジェノワ間の戦いで捕虜となり、ジェノワへ送られていた。のちにそこでマルコと出会う。

▼ラテン帝国　一二〇四年、第四回十字軍が建てた国。ビザンツ帝国にかわってバルカン半島東南部と小アジア西北部を領域としていた。六一年、ニケア帝国のミカエル八世により滅ぼされた。

▼第四回十字軍　教皇インノケンティウス三世の提唱による、フランス諸侯を中心とする十字軍(一二〇二〜〇四年)。ヴェネツィアの支援を受け、ビザンツ帝国のコンスタンティノープルを攻略した。

プルを占領し、同帝国にかわるラテン帝国を建てた。そのさい、十字軍側に船舶と乗組員を提供していたヴェネツィアは、その立場を強固なものにした。そのため、コンスタンティノープルのヴェネツィア人居留区も拡充され、ヴェネツィア商人はボスフォラス海峡を自由に通過して黒海へ進出できるようになった。北はクリミア半島のソルダイア、ドン川河口のタナ、南はトレビゾンド▲に拠点をつくった。

旧ビザンツ勢力は、小アジアの北西部にニケア帝国▲を建てた。そのころ小アジアには、中央部にルーム・セルジューク▲、東南部はキリキア・アルメニア王国▲があり、この両国は一二四〇年代、東方から押し寄せてきたモンゴルに従属していた。

一二六〇年にコンスタンティノープルにわたってきたポーロ兄弟は、大きな利益をあげようと宝石類を仕入れ、黒海をわたってソルダイアに向かった。同地は通商活動の重要な拠点になっていた。そこではポーロ兄弟の長兄が、すでに居をかまえて貿易に従事していたという。

ポーロ兄弟がやってくるより前の一二五七年、ルブルク修道士はコンスタン

▼トレビゾンド　小アジアの、黒海に面する交通の要衝。一二〇四年のビザンツ帝国崩壊後、同地に同帝国コムニノス朝関係者がトラペズス帝国を建てた(～一四六一年)。

▼ニケア帝国　第四回十字軍によってコンスタンティノープルを追われたビザンツの勢力が、小アジア北西部に建てた国。一二六一年、ビザンツ帝国が復活するまで存続した。ニケアを首都とした。

▼ルーム・セルジューク　十二世紀末に分裂したセルジューク朝の一派で、小アジア半島中央部を領域としていた。一二四〇年代にモンゴルに屈した。「ルーム」(ローマに由来する)は小アジアを意味する。

▼キリキア・アルメニア王国　小アジアの東南部、地中海とトロス山脈に挟まれたキリキア地方に移住してきたアルメニア人の王国。一〇八〇年に成立、一三七五年マムルーク朝に滅ぼされた。

● ニコロ・マルコ行程（推定）図

● ニコロ・マテオ兄弟、第一次東方旅行出発のころの行程。

● ラテン帝国皇帝（ボードワン2世）とニコロ・マテオ兄弟　なお『見聞録』には兄弟が皇帝に謁見したとは記されていない。

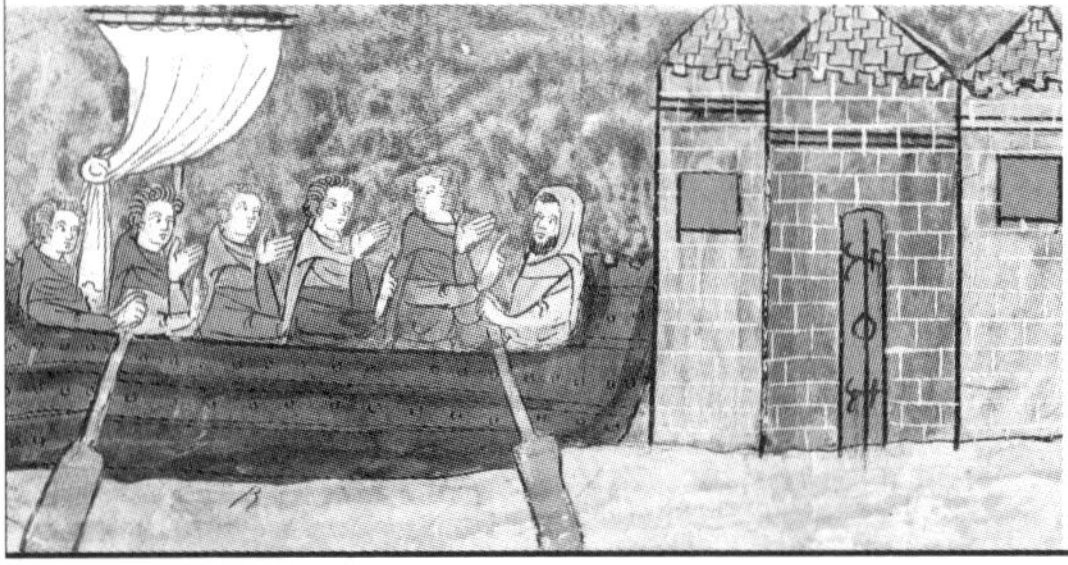

● 黒海の港（ソルダイアか）にはいるニコロ・マテオ兄弟と仲間　上・左の二図、十四世紀の『見聞録』写本より。

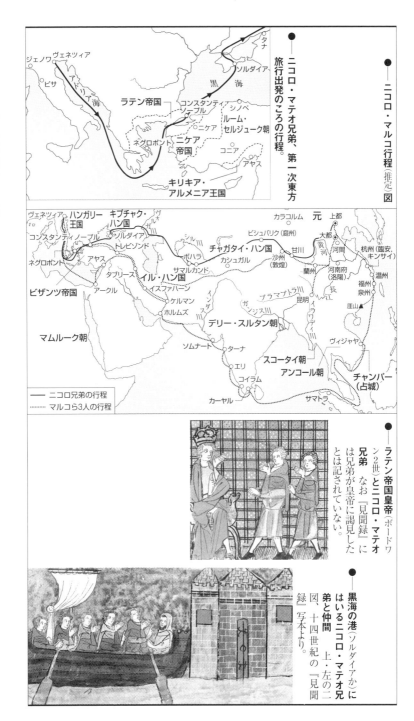

モンゴル帝室

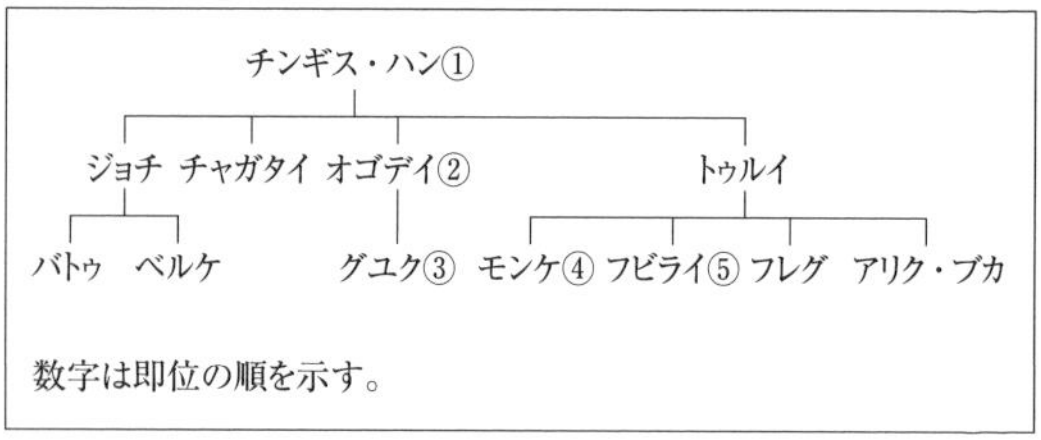

ティノープルからソルダイアを経由してモンゴル治下の草原地帯を東へ進んだ。同修道士によると、ソルダイアの地には北方からは高価な毛皮類を運ぶ商人が、南方からは木綿・絹布・香料を運ぶ商人がやってくるという。

ポーロ兄弟はソルダイアを出て、ヴォルガ川中流域にあるモンゴルの王侯ベルケ▲の宮廷をめざして奥地に進むことになる。

同兄弟はヴォルガ河畔のベルケの宮廷にいたると、持参してきた宝石類を献上し、それに対してベルケからその倍額に相当するものを下賜されたという。これは同兄弟が特別扱いされたことを意味するものではない。あとでも述べるが、当時のベルケにかぎらず、モンゴルの君主・王侯のもとでは、商人が高価な商品を献上すると、きちんと評価してその価値を上回るものが下賜されていたようである。ポーロ兄弟もおそらくそのことを期待して献上をおこなったのであろう。

ポーロ兄弟、さらに東方へ

「序章」によると、ポーロ兄弟はベルケの領内に一年滞在し、いよいよ帰国

▼**ベルケ**（?〜一二六五）　キプチャク・ハン国の君主。ジョチの第三子、バトゥの後継者。同族のフレグと抗争した。イスラーム教を受容し、エジプトのマムルーク朝と提携した。

しようとした。ところが一二六二年、ベルケとイル・ハン国▲の君主フレグ▲のあいだで戦争がはじまり、進もうとした道筋は危険な状態になってしまった。そのためにやむをえず前方、つまり東方に進むことになったという。同兄弟がこのとき東方に向かったことが、結果として一〇年ほどしてからマルコが中国に向かうきっかけとなる。

「序章」に記されているとおり、同年、たしかにベルケ・フレグ間で戦さがはじまっていた。カスピ海の西南に面するアゼルバイジャン地方の領有をめぐって衝突したのである。ヴォルガ川流域から陸路で黒海とカスピ海に挟まれたカフカース地方を南下してイラン西北部にぬけるルートを進むことは、たしかに危険をともなったに違いない。

なおこの戦争の模様について、ポーロ兄弟自身が目撃したわけではないが、『見聞録』の終わりのほうに詳しい記述がある。

「序章」の記述でわかりにくい点は、ポーロ兄弟がベルケのもとへ来るときにとおってきた、クリミア半島の港町ソルダイアへぬける道筋だけが、この戦争のために危険が生じたと記していることである。実際問題、そのベルケ・フ

▼イル・ハン国　フレグがモンゴル本土から大軍を率いて西方へ移動し、一二五八年にアッバース朝を滅ぼして建てた国。東アジアの元朝と交流があった。十四世紀にはいってから衰えた。

▼フレグ（在位一二五八～六五）　モンケとフビライの弟。一二五三年、モンゴルより大軍を率いて西進、五八年バグダードを占領し、イル・ハン国初代の君主となった。北方ではベルケと戦い、西方ではマムルーク朝と抗争した。

レグ戦争は黒海北岸にも黒海にも波及していなかった。おおまかにいえば、ポーロ兄弟にとって東進・西進・南進のうち、南進、つまりカフカース南下は危険であっても、東進と、ソルダイアへもどる西進はとくに危険ではなかったはずである。ところが「序章」では西進を危険としている。この記述はどう理解したらよいか。

じつは、ポーロ兄弟がベルケのもとに向かっていたころ、ヴェネツィア人にとってとんでもない事件が起きていた。かねてからニケア帝国の皇帝ミカエル八世パレオロゴス▲（以下ミカエル八世）は、コンスタンティノープルを奪回し、ラテン帝国を倒してビザンツ帝国を再建しようとしていた。そこで、ヴェネツィアのライバルであるジェノワと提携し、艦船の提供を受ける。そのかわりにニケア側はジェノワ商人に通商上の便宜をはかり、ヴェネツィアを黒海から締め出すことを約束していたのである。

ついに一二六一年、ミカエル八世はコンスタンティノープルを奇襲して占領し、ラテン帝国は滅び、ビザンツ帝国が復活した。実際には、ミカエル八世はとくにジェノワの手を借りずにすんだのだが、以後、黒海貿易に関しては当然

▼**ミカエル八世パレオロゴス**（?〜一二八二）　ニケア帝国ヨハネス四世の後見人を務めたのち帝位についた。一二六一年、コンスタンティノープルを占領、ビザンツ帝国を再興した。

ジェノワは権利を獲得し、ヴェネツィアは締め出された。両者の立場は逆転したのである。ただし一二六八年には、ヴェネツィアもミカエル八世と条約を結び、コンスタンティノープルと黒海での交易が一応できるようになっている。

ポーロ兄弟は当初、来た道を引き返して西進し、ソルダイア経由でコンスタンティノープルにもどる予定であった。ところが右のような事情によりヴェネツィア人の黒海ルートの利用が困難になったという情報をえて、当初予定していたソルダイア経由の黒海ルートの利用は無理だと判断したのであろう。それにかわる、イラン西北部へぬける南進ルートもあるが、このルートは前に述べたように、ベルケ・フレグ戦争の戦場をとおることになるから危険である。とすると、東方・西方・南方のうち同兄弟にとって残された無難なルートは東方のみということになる。

後年、ポーロ兄弟は、自分たちがどうして東方に向かったのか、その本当の事情について、マルコに対してとくにかくしだてすることはなかったであろう。とすると、後年マルコは、諸事情を承知しながらも『見聞録』ではあえて言及しなかったことになる。

その事情に言及するとなると、どうしても一二六一年の、仇敵ジェノワの前にヴェネツィアが屈した事件にふれざるをえない。ヴェネツィア人マルコとしては屈辱的な一二六一年の事件についてはふれたくなかったのではないかと考えられる。

東方に向かったポーロ兄弟は、当時中央アジア屈指の商業都市ボハラ▲に達し、そこに三年滞在したという。おそらく二人は同地にあって商取引に従事していたのであろう。当時ヴェネツィアの商人が、商売のため長く故国を離れていることはめずらしいことではなかった。

ポーロ兄弟、フビライのもとへ

一二六〇年代、東アジアには元朝▲のフビライ▲が君臨し、西アジアにはその弟フレグがイル・ハン国を建てていた。フレグはフビライを格上の君主として認めており、二人は友好的な関係にあった。そのため、両者のあいだでは使節の往来があった。

ボハラに達したポーロ兄弟は、もともと帰国しようとしていたはずなのに、

▼ボハラ　現ウズベキスタン共和国ボハラ州の州都。中央アジアの代表的な商業・文化都市。当時、チャガタイ・ハン国(君主バラク)領に属していた。

▼元朝　一二七一年、フビライは国号を「大元」と定めた。出典は中国の古典『易経』である。

▼フビライ(在位一二六〇～九四)　兄モンケの没後、当時戦っていた南宋(一一二七～一二七九)と講和し、開平府で即位した。北方でやはり即位した弟のアリクと戦って倒し、名実ともにモンケの後継者となった。

さらにはるかアジアの東端まで足を延ばすことになる。そのきっかけは、同兄弟がフレグ派遣の使節に遭遇したことにある。なお、のちにフビライに認められ高官として活躍したバヤン▲という人物が、ちょうどそのころフレグの宮廷からフビライのもとに向かっていた。ポーロ兄弟と出会った使節は、じつはこのバヤンとする説(愛宕説)が有力である。

その使節は、ポーロ兄弟がラテン人▲の商人であることを知ると、君主フビライはラテン人に会いたがっているから丁重に遇されること、向こうへ行けば、おおいに利益をあげることができること、自分たちと同行すれば旅が安全であることをあげて同行するように勧めたという。

同兄弟は勧めに応じて同行することにし、ボハラから一年の旅でフビライのお膝元に達したことになっている。なお一年の旅というが、実際には、もし順調な旅であれば四カ月で十分であり、到達の年次は一二六四～六五年と推定されている(愛宕説)。

同兄弟がフビライの都に到達したこと自体、「序章」のほかには裏付ける記録はなく、疑うこともできないわけではない。しかしすでに現地の土を踏み、

▼バヤン(一二三七～九五)　父とともにフレグの遠征に従いイランへ。のちにフレグの使節としてフビライのもとへ。そのまま留まり起用されて要職についた。とくに対南宋戦の総指揮官として活躍した。

▼ラテン人　ここでは単にヨーロッパ人を指している。なお当時のモンゴルには、一二四〇年前後の遠征のときに拉致してきたヨーロッパ人が少数いた。

諸事情につうじ、商人としてやっていける、という見通しをえていたからこそ、ニコロの愛息マルコをともなって、ふたたびこの遠隔の地まででかけることになったと考えるべきであろう。

「序章」によると、ポーロ兄弟はフビライの前に出て、ヨーロッパのキリスト教諸国の君主、そしてローマ教皇・教会について解説し、フビライとのあいだで質疑応答がおこなわれたという。実際に同兄弟がフビライに謁見することができたのかどうかはわからない。このことは「序章」にあるだけで『元史』▲には記録されていない。

前に記したように、ポーロ兄弟はベルケに宝石類を献上してその価格を上回る見返りをえた。じつはこのような一種の商行為はめずらしいことではなかった。もともとチンギス・ハン（一一六二頃〜一二二七）がモンゴル草原に台頭してきたころから、中央アジア・西アジアの商人たちはチンギス・ハン一族の君主・王侯の居所、いわゆるオルド▲に出入りして宝石や織物などの奢侈品《しゃしひん》を供給していた。

『見聞録』によると、フビライの宮廷にも、年間をとおして何回も商人団が

▼**『元史』**　明時代初期（一三六九・一三七〇）に編纂された元王朝の歴史書、正史の一つ。宮廷の耳目を引くできごとは記録されている。

▼**オルド**　北アジア遊牧民の君主の天幕、あるいは天幕群のこと。君主の住まいであり国家の中枢でもあった。

やってきては真珠・宝石・金銀・金襴・銀糸織など、高価な品々を献上していた。それに対してフビライは専門家に委ねて適正に評価させ、商人の利益を上乗せしたうえで代価を紙幣で支払ったという。

ベルケとフビライが同族であることを、ポーロ兄弟が認識していたかどうかわからないが、両者が同系統の君主あるいは王侯であるという程度の認識はえていたであろう。ベルケのところで献上したのと同様に、フビライに対しても高価な商品を献上し、そして見返りをえたことは、十分にありうることである。

なお、当時フビライは、先代の兄モンケから華北を中心とするカタイ▲を受け継ぎ、その本格的統治をはじめていたが、カタイより南の地域マンジ▲は依然として南宋の統治下にあった。

ポーロ兄弟、フビライの対教皇使節となる？

「序章」によると、フビライはポーロ兄弟から西ヨーロッパ事情の説明を受け、同兄弟にローマ教皇宛の書簡を託し、教皇のもとへ向かわせたという。出発は一二六五〜六六年と推定されている。同兄弟は陸路で小アジア、キリキ

▼カタイ　中国北辺の王朝「契丹」（遼）に由来する。『見聞録』では、金王朝の統治下にあった華北を中心とする地域を指す。今日、中国を意味するロシア語「Kitai」、英語「Cathay」も同じ系統の言葉である。

▼マンジ　キタイ以南の地域、旧南宋領を指す。中国南部の住民を意味する「蛮子」に由来する。

ア・アルメニア王国(以下アルメニア王国と記す)のアヤス▲へ、ついでアークル▲にわたり、それからヴェネツィアに向かったという。同兄弟がアジア大陸を横断したこと自体は疑いないが、問題は、ポーロ兄弟がはたしてフビライから教皇のもとへ使節として派遣されたのかどうかという点にある。

フビライが託したという教皇宛の書簡は、全文が「序章」その他の箇所に紹介されているわけではないが、その骨子は、キリストの教えにつうじ、かつ七芸▲を心得ていて、偶像崇拝者(僧侶・道士)の偶像が悪魔に属するものであることを論証できる賢者一〇〇人の派遣をローマ教皇に要請したものであったという。

また『見聞録』の別の箇所(愛宕訳1、一九〇頁)では、「序章」の記述を補足するかのように、フビライはその賢者によって偶像崇拝の教え(仏教・道教)が誤りであることが論証されれば、自分は洗礼を受けるし、臣下もそれに倣うであろう、と堂々と宣したことになっている。

フビライは即位後、チベット仏教の高僧パスパ▲を尊んで「国師」としていた。そのフビライが右のように偶像崇拝の教えを排除することを考え、教皇宛に書

▼**アヤス**　当時のキリキア・アルメニア王国領の主要港。当時、東西貿易の要衝であった。現在のトルコ共和国のユムルタルク。

▼**アークル**(アクレ、アッコン、アッカ)　地中海に面する都市。当時、十字軍のイェルサレム王国に属した。その市内にジェノワ、ピサと同様にヴェネツィアも一郭を有していた。

▼**七芸**　中世西ヨーロッパの大学における教養七科目(文法・修辞・論理・算術・幾何・音楽・天文学)を指す。

▼**パスパ**(一二三五～八〇)　チベット仏教の高僧。フビライより当初、国師、のちに帝師の称号を受けた。モンゴル語を表記する国字、いわゆるパスパ字をつくった。

▼サラマンダー　アスベスト(石綿)のこと。中国西北辺境の天山北路に産するという。

簡をしたためたとは考えられない。仮にポーロ兄弟が右のような賢者派遣要請の書簡を託されたとすれば、のちに教皇であれ別の人物であれ、だれかに手渡した、手渡そうとしたはずである。しかしそのことについての記述は『見聞録』にもその他の記録にもみあたらない。ちなみに二人が教皇へのおみやげにしたというサラマンダー▲についても同様である(愛宕訳1、一三〇頁)。

また仮に右のような書簡が実際に教皇側に届けられたとすれば、当時のローマ教会にとって一大ニュースになるはずである。当然教皇側に、書簡についても、使節についても、なんらかの記録が残されていてもおかしくないが、実際にはなにも伝えられていない。

さらに、本当にフビライが賢者一〇〇人の派遣を要請したのであれば、ポーロ兄弟は、後年フビライのもとにもどったとき、重要なその件について、当然、事がうまく運ばなかったと報告し、フビライはそれを聞いて残念がったはずであるが、その賢者派遣要請の結末については「序章」にも他の箇所にもなにも言及されていない。

「序章」によると、フビライは、対教皇使節としてポーロ兄弟のほかにコガ

▼クレメンス四世（在位一二六五〜六八）　フランス貴族・法律家、のちに聖職につき、ナルボンヌ大司教をへて一二六一年枢機卿、六五年教皇となった。イル・ハン国君主アバカ（二四頁参照）の書簡を受け取り、教皇も返書を送った。

▼テバルド（在位一二七一〜七七）　一二七一年に教皇グレゴリウス十世となった。七四年、リヨン公会議を開催。同年、イル・ハン国君主アバカからの書簡なるものが届き、教皇も翌年返書を送った。

タールという「重臣」を任命したという。同行者コガタールは、出発後ほどなく病いに倒れて同行を断念し、ポーロ兄弟二人だけで使節として西方への旅行を続けることになっている。もしこの「重臣」についての記録があれば、この旅行のことも明らかになるかもしれないが、実際には該当する人物は当時の記録にみあたらず、この人物自体、はたして実在したのかどうか疑わしいのである。

また、ポーロ兄弟は、アークルまで行って教皇の空位を知ったことになっている。時に一二六九年であるという。たしかにクレメンス四世▲は一二六八年に没し、以来教皇は空位になっていた。その点だけは史実に即している。そのあとポーロ兄弟は同地で「教皇特使テバルド・ヴィスコンティ」に面会し、新教皇の選出を待つように助言されたという記述があるが、実際問題、のちに教皇に選定されるテバルド▲は、当時、ヨーロッパにいてアークルにいなかったし、教皇特使にも任じられていなかったという。

このようにみてくると、ポーロ兄弟がフビライから対教皇使節に任じられて教皇宛の、賢者派遣を要請する書簡を託されたという記述は、はたして本当で

●マルコらのヴェネツィア出発　一行が岸壁から小舟(図の右手)に乗るところ。あとで帆船(図の中央、下部)に乗り移るのであろう。一四〇〇年の写本より。

●フビライのもとにもどる前にアークルで新教皇から祝福を受けるポーロ兄弟

●マルコらの旅立ち　小アジアのアヤスから東方へ出発するところか。

あったのかどうか、疑わしい。おそらく「序章」のなかだけの作り話であろう。この件についてはあとで言及する。

なお、ポーロ兄弟は、フビライのもとから陸路で小アジアのアヤスまで行った。このアジアを横断するのに「序章」によれば、嵐・雪に災いされ、大河にはばまれて三年を要したという。ちなみに同時代にアジアを横断したカルピニ修道士の場合、フランスのリヨンからモンゴルまで一年三カ月、ルブルク修道士の場合、パレスチナからコンスタンティノープル・クリミア半島経由でモンゴルまで七カ月である。ポーロ兄弟が本当に三年を要したのであれば、もともと商人であるから、各地で商取引を重ねながら移動していたと思われる。

教皇グレゴリウス十世

ポーロ兄弟とマルコ、教皇の対フビライ使節となる?

一二六九年にヴェネツィアに帰着したポーロ兄弟は、翌年、ふたたびヴェネツィアから東方へ旅立つ。今度はニコロの息子マルコをともなっていた。「序章」によると、一行はまずアークルにわたる。そこで「教皇特使テバルド」からフビライ宛の書面を受け取る。その内容は、教皇不在のためにポーロ兄弟は託されたフビライ書簡を教皇に届けることができなかったというものである。しかし前述のように、もともとフビライの教皇宛書簡の存在自体が作り話となると、当然、右の「教皇特使」の書面もまた作り話ということになる。

　ところで実在のテバルドは、一二七一年五月頃からアークルに滞在していたが、同年九月に教皇(グレゴリウス十世)に推挙された。その知らせを受けてから同地を離れ、同年末か次年初めにはイタリア本土にもどったという。

「序章」によれば、マルコらがアークルからアヤスにわたり、同地に滞在していると、新教皇が使者を遣わしてきてアークルにもどるように求める。三人がもどると、新教皇は祝福を与え、そしてニコラスとグリエルムスという二人のドミニコ会▲修道士を同行させることにし、フビライ宛の親書・贈り物を託して送り出す。一行五人がアークルからアヤスに達すると、折からマムルーク朝▲のバイバルス▲軍がアルメニア王国の領内を荒らしまわっている。そのため両修道士は身の危険を感じて旅行を続けることを拒み、新教皇から託されたものはマルコらに委ねて引き返してしまったという。

　新教皇が託した親書の内容の一件は、フビライに対し「甥の、イル・ハン国

▼ドミニコ会　一二〇六年スペイン人ドミニコによりトゥールーズ近郊で創設され、一二一六年教皇ホノリウス三世により認可された修道会。清貧を旨とし、布教活動に積極的であった。

▼マムルーク朝　一二五〇年アイユーブ朝にかわって成立した王朝。首都はカイロ。エジプトのほか、シリア、ヒジャーズ地方を支配領域とした。一五一七年、オスマン帝国により滅ぼされた。

▼バイバルス(在位一二六〇〜七七)　マムルーク朝第五代スルターン。一二六〇年フレグのモンゴル軍と戦って勝利したのち、当時のスルターンを倒して自らスルターンとなった。

▼**アバカ**（在位一二六五〜八二）　フレグの長子、イル・ハン国第二代君主。シリアに出兵し、マムルーク朝軍と戦った。西ヨーロッパ側には自称「アバカの使節」の来訪を伝える記録が残されている。

君主アバカ▲にあてて『アバカ領内のキリスト教徒が海路で教皇の領域に行けるようにせよ』と指令を発して欲しい」と要請するものであったという（愛宕訳1、二一〜二二頁）。新教皇側にどうしてアバカからこのように取りはからってもらう必要があったのか、その事情についてはなにも説明されていない。

その点はおいておくとしても、のちにマルコらの一行がフビライのもとに達して謁見し、新教皇の親書を手渡すと、フビライは「ご満悦」と記されているだけである。もし教皇の要請を受けてフビライがアバカに指令を発し、そしてアバカがそれに応じたのであれば、『見聞録』にも、フビライ側とアバカ側の史書にも、なにか記録が残っていてもおかしくないが、なにも残っていない。また当時教皇側よりモンゴル側へ発した書簡の写しはヴァチカンに伝わっているが、そのなかにこの新教皇のフビライ宛のものはみあたらない。本当に新教皇がフビライ宛の親書を作成して託したのか疑わしい。

じつは、新教皇が二人のドミニコ会修道士をマルコらにともなわせたということも、さらに疑わしい。そもそもドミニコ会修道士ともあろうものが、教皇から大切な任務を委嘱されて出発しながら、途中であっさりと任務を放棄してしまうとは考えにくいことであるが、それ以上の問題がある。

折からアルメニア王国領内はバイバルス軍が荒らしまわっており、両修道士は危害を加えられることを恐れ、旅行を取りやめたと説明されている。ところがその一二七一年当時、バイバルス軍はシリア北部にあってイル・ハン国軍に対抗しようとしていたものの、とくに同王国の領内を荒しまわってはいないのである。現にマルコらはそのまま旅行を続けており、危険な目に遭ったとはいっていない。むしろもともと二人の修道士は同行していなかった、つまり新教皇は修道士を派遣していなかったのではないか、そう考えたほうが無理が生じないのである。

ちなみに実際にバイバルス軍がアルメニア王国領内を荒しまわったのは、一二六六年と七五年のことである。おそらく『見聞録』作成時、マルコあるいはルスティケロはその史実を聞き知っていて、それを記述のなかで活かしたのであろう。

前に記したように、「序章」によれば、当初フビライは教皇宛の親書を重臣の一人とポーロ兄弟に託するが、その重臣は途中で病いに倒れて脱落し、ポーロ兄弟だけで進む。教皇はフビライ宛の親書を修道士二人とポーロ兄弟・マルコに委ねるが、修道士二人は危険な場面に遭遇して退場し、ポーロ兄弟・マルコだけで旅を続ける。話の展開には相似たパターンが用いられているようにみえる。

こうしてみると「序章」に記されている、ポーロ兄弟・マルコがアジア大陸を横断するとき、フビライあるいは教皇の使節という重要な役目を担っていたという話は信じがたいものがある。とはいえ単なる荒唐無稽の作り話ではあるまい。十三世紀末『見聞録』を作成するとき、マルコあるいはルスティケロは、おそらく教皇とグユク、あるいはアバカ、あるいはアルグン▲とのあいだで、使節の往来と書簡の交換のあったことを承知していて、それに着想をえて前述のような話を組み立てたとのではないかと推察される。

ところで、前述のようにポーロ兄弟がフビライのもとから地中海沿岸まで三年を要したというが、マルコも加わった一行がフビライのもとへ行くのにどのくらいかかったであろうか。一行がヴェネツィアを出発するとき、「カーンのもとに帰る日をこれ以上もう延ばすわけにはゆかない」(愛宕訳1、一九頁)と考

▼**アルグン**(在位一二八四〜九一)　アバカの子、イル・ハン国第四代君主。ジェノワ人ブスカレッロを使節に起用し、教皇とイギリス・フランス両国の宮廷に派遣した。対マムルーク朝共同出兵を呼びかけた、フランス王フィリップ四世宛の書簡は現物が伝わっている。

●―**カタラン地図上の、キタイに向かうポーロ一家の隊商**　この図では上方が南、下方が北になっている。うろこ状の部分はシベリアの山々を指すという。なおカタラン地図は十四世紀後半バルセロナでユダヤ人クレスケスにより作成された世界図である。

●―**マルコらフビライの宮廷に着く**(上)、**ポーロ兄弟フビライのもとへ**(下)　初期の『見聞録』にはこのような想像図がおさめられている。

えたという。とすれば、一路、フビライのもとへ道を急いだはずであるが、実際にはとくに道を急いだ様子はない。中国西北辺境の甘州に一年も滞在したというのである。このことについて「ある用件に従事した」「その委細はここに書く必要もない」といっている（愛宕訳1、一三五頁）。「ある用件」とは、やはり商取引とみるのが自然であろう。結局、計三年半を要したという。

②―フビライ宮廷のマルコ

マルコ、フビライに仕える

『見聞録』「序章」によると、ニコロとマテオがもどってくることを知ると、フビライは都から四〇日行程のところまで出迎えの使者を派遣したという。ということは、一行が帰って来たという知らせが相当早く宮廷に届いていたことになる。かりに辺境の出先機関から宮廷に急報されたにしても、超大物でもない彼らのために、はたして出迎えの使者を出したとは考えにくい。

ともあれ、マルコ一行は折からケーメンフ▲滞在中のフビライのもとに達した。その年次は一二七四年と推定されている。フビライは例年、秋から春まで寒い時期を大都で過ごし、その後ケーメンフに向かい、秋にふたたび大都にもどっている。したがって、春から秋までのあいだにマルコ一行はケーメンフに達したことになる。

「序章」によると、ニコロとマテオとマルコの三人はフビライのお目通りがかない、そこではニコロはマルコを「わが息子」「陛下のしもべ」として紹介

▼**ケーメンフ**　開平府。元朝の夏の都、上都のこと。今日の北京の北方、約三〇〇キロ。

フビライ

したことになっている。ちなみに当時フビライは五八歳か五九歳、マルコは一九歳か二〇歳のはずである。宮廷の人々もニコロとマテオがマルコをともなってもどってきたことを喜び、祝宴を開き、そして「三名は厚い礼遇と豊かな賜与を被り、以後カーン宮廷に仕えて重臣たちにも劣らぬ種々の栄誉を受けたのである」(愛宕訳1、二五頁)という。

はたしてここで強調されているほど一行が大歓迎されたのかどうかは疑わしいが、このくだりは、おそらくマルコ一行にとってフビライの宮廷とのつながりができ、マルコは「陛下のしもべ」として宮廷に仕える身となり、ニコロとマテオは宮廷御用達の商人になったことを踏まえているのであろう。

フビライはマルコの有能さを認めて使者としてつかったという。当初、若く経験に乏しいマルコがそれほど重要な任務を負ったとは考えにくく、随員に加えられた程度であったと思われる。なお『見聞録』の記述からは、マルコが大都から南の福州へ、また西南の雲南へのコースを踏破したことはうかがえるが、それ以外の地にも出向いているのかどうかはわからない。

使者として派遣されたほかに「何度かは彼マルコ殿の個人のことのためであ

ったが、それとてグラン・カン▲の望みと命によるものであった」（高田訳、二二六頁）という。つまりマルコには使者として出張するほかに、彼自身の判断に委ねられる仕事があったことになる。フビライからなんらかの注文を受けて、それを調達するためにでかけたのであろうか。

使者の件でとくに強調されているのは、使者として本来の任務をはたすこととは別に、行った先々からめずらしいものを持ち帰ってフビライに献上したほか、珍談・奇談の類を取材してきて報告したことである。このことによりフビライのマルコを「寵愛すること並々ならず、常に側近に侍《はべ》らせるという恩遇ぶり」（愛宕訳1、二七頁）だったというのである。

その報告がどんな内容のものかは、「序章」のなかではなにも説明していない。マルコは中国西南部の雲南に派遣されたことがあるが、大都から雲南にいたるコース沿いのことを記した章（愛宕訳1、第四章）には「序章」でいう珍談・奇談にあたると思われる話が収録されている。そのなかから二、三を紹介しよう。

チベット▲地方には野獣が多く棲《す》んでいて旅人にとって危険な地域がある。そ

▼グラン・カン　大カーン、ここではフビライを指す。

▼チベット　ここでのチベットは広い意味で、中国西南部の四川・雲南地方をも含んでいる。

の地方には巨大な竹が繁茂している。それを切り取って燃やすと大音響を発するため、その音で野獣を追いはらう。不慣れな人は耳に綿を詰め、頭と顔をあり合わせの衣類でおおう。馬も驚いて端綱を振り切って逃げてしまうので、あらかじめ目と耳を厳重に包み、四肢を鉄の足枷で縛りつけておくという。

また同地方では男性は結婚するとき処女をきらい、多数の男性と交わった女性をよしとする。見知らぬ男がテントを張っていると、娘を連れた年配の女性が押しかけてきて娘を勧める。そして男は交わった女性に記念品を与えることになっている。女性は結婚するまでに記念品二〇個以上を手に入れる必要がある。そしてマルコは「この地は十六歳から二十四歳までの若者にはぜひとも出かけてみたい楽園ではないか」(愛宕訳1、二九七頁)というが、もちろん自分のことはなにも語っていない。

さらに雲南のある地方では妻が出産すると、二〇日間は夫がかわって床にはいり、赤ちゃんの世話にあたる。とくに必要がないかぎり床から出ない。これは妊娠中、妻は苦労するので、その代償として二〇日間は楽ができる、という考えによるという。もっとも床を離れた妻は家事にあたり、床にはいっている

大都地図

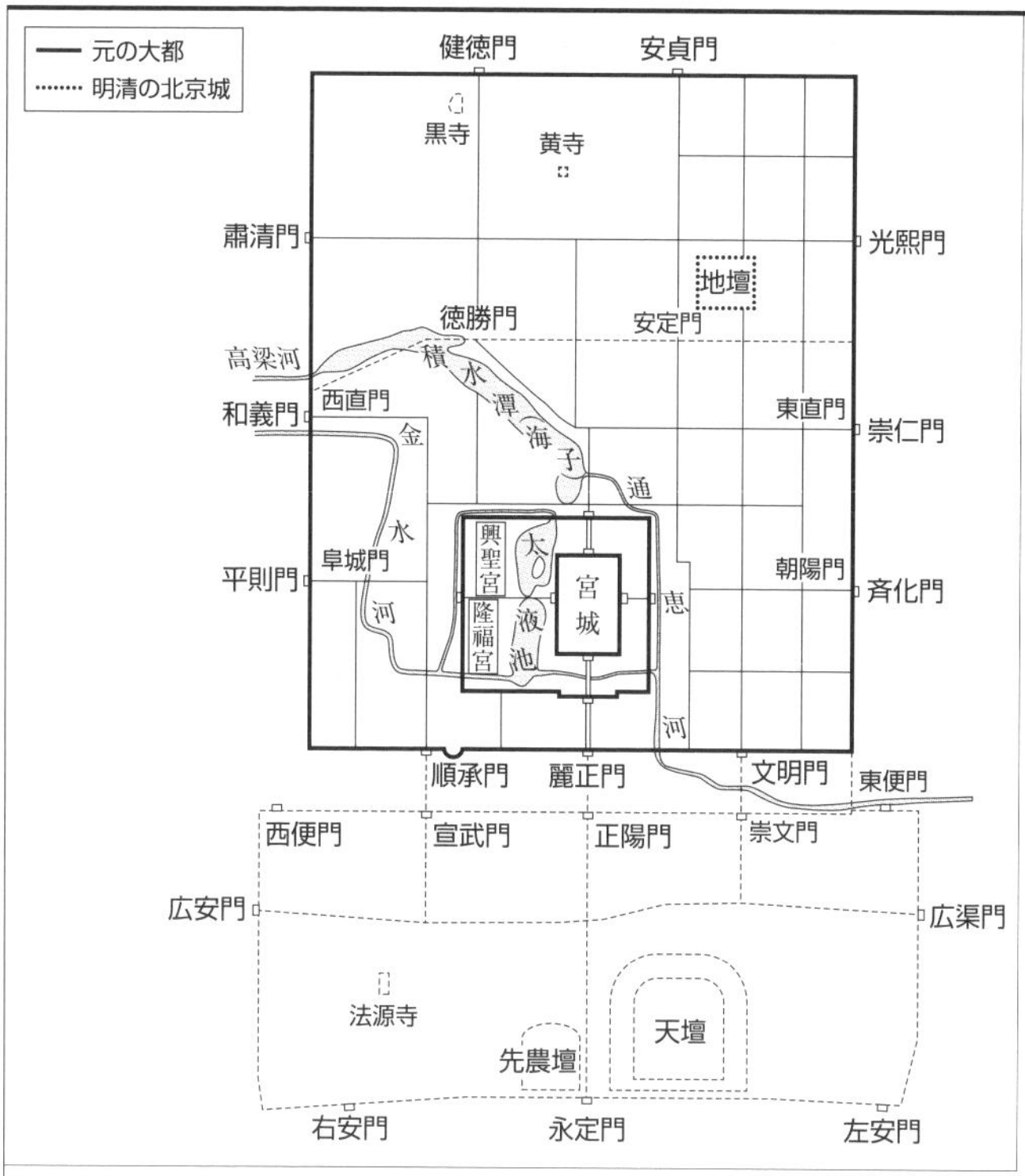

〔出典〕陳学霖「元大都城 建造傳說探源」『漢学研究』5巻1期(民国76年)

マルコ・ポーロ、中国国内旅行ルート

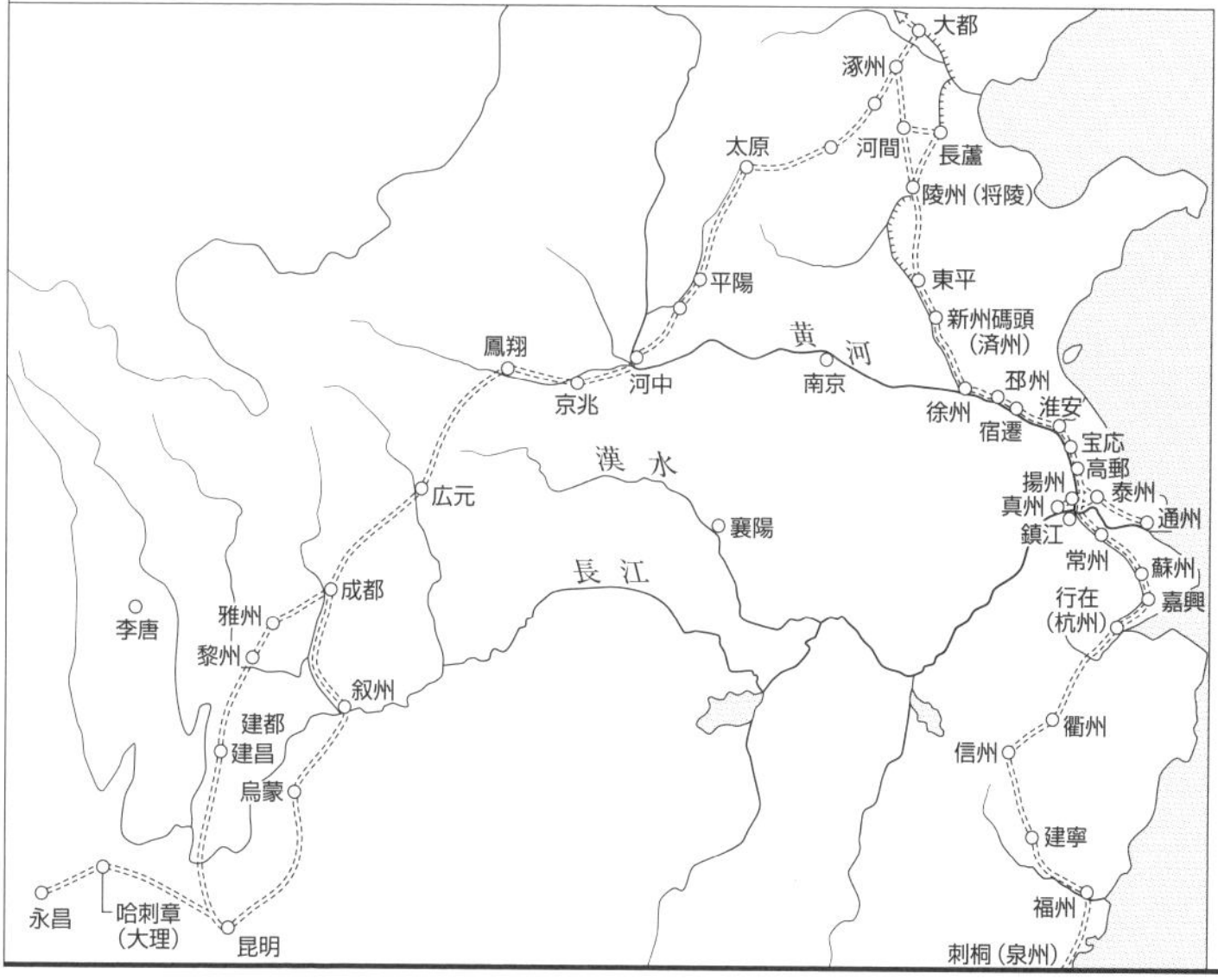

夫の世話にあたることになっている。

フビライに好評であったという珍談・奇談とは、おそらく右のような種類のものであったろう。

マルコ、宮廷事情を伝える

『見聞録』は、以下(1)〜(6)に要約して紹介するように、フビライの宮廷事情をよく伝えている。このことは、前に引用した「常に側近に侍らせる」は誇張であるとしても、マルコがフビライの宮廷に出入りしていたということを想定しないと理解しがたいであろう。

(1)元旦の式典後におこなわれる宴会について　フビライが上座の高いところに座する。フビライの右手が皇子・皇孫など、左手がその奥方の席であり、前に食卓がおかれている。大部分の高官には食卓はなく、広間のカーペットの上に座して食事する。広間の中央部には、表面に金色の動物の画像が彫られた大型の箱がおかれている。箱の中心部に大型の容器があり、四隅に小型の容器がある。前者にはぶどう酒が、後者には馬乳・駱駝《らくだ》乳などがはいっている。

フビライ担当の給仕は、絹布などで口・鼻をおおい、飲食物に息や口臭がかからないように配慮する。客人案内担当者がいて、座席への案内、給仕への指示などをおこなう。会場の入口には棍棒を手にした大男が二人立ち、敷居を踏ませないように見張っている。当時のモンゴル人のあいだでは、誰かが敷居を踏むと災難が起こると信じられていた。酒に酔った者が不覚にも踏んでしまう場合もあった。事情を知らない者に敷居を踏まないよう指導する要員が別にいたという。

(2)フビライが都を離れて鷹狩りにでかけたときの仮設の宮殿について　南向きの大テントと、それに接する西向きの大テントがある。前者はいわば朝廷であり、後者はフビライの居宅である。どちらにも彫刻のほどこされた香木の柱が三本立っている。ほかにフビライの寝所があり、その外側にはライオンの毛皮、内側には貂の毛皮が張られている。

(3)フビライの鷹狩りについて　フビライは、象の背に設けた輿に高官や正室・側室とともに乗る。輿の内側には金糸刺繡織、外側にはライオンの毛皮が張られている。十二羽の大鷹を備えてでかける。側近から鶴が飛んでいることを知らされると、お気に入りの大鷹を放す。そして大鷹がいかに鶴をとらえるかを楽しむ。なおフビライは痛風が持病であり、輿のなかでは座したままである。

(4)高官が宮廷でフビライに謁見するときの注意事項

①近くで大声を発しない、物音をたてない。

②痰壺を持参する。

③白い皮の上履きを用意し、謁見室にはいるときに履きかえ、履いていた履物は従者にもたせる。

(5)ケシクについて　宮廷にはケシク▲という、君主に近侍する要員の組織があった。この組織に属するメンバーは四グループに分かれていて、三昼夜ごとに交代して宮殿で任につくことになっていた。このことは『元史』にも記されている。ところが『見聞録』ではそれ以上の、およそ当時の記録にはない、関係者以外は知らないと思われるようなことにも、マルコは言及しているのである。

▼**ケシク**　この言葉はもともと恩寵・恩恵を意味する。君主に近侍する要員はその恩寵を受けることになるとみて、その組織をケシクと称した。

すなわち四グループ中、当番の一グループは別として、残りの三グループは、非番であっても昼間は宮殿で待機し、夜間は帰宅する。ただしフビライから用事をいいつけられて外出する者、あるいは私用で、しかるべき事由があって上司の許可をえて外出する者はこのかぎりではない、など。

(6)フビライの側室の選抜について　フビライには七人の正室(正妻)がいた。正室以外に多数の側室がいた。その側室の選抜は次のようにおこなわれる。オンギラト族▲の居住地で若い女性四〇〇〜五〇〇人について評価し、上位の者を宮廷に送る。別の審査員がそのなかから三〇〜四〇人を選ぶ。その女性は高官の妻に託してさらに体を調べさせる。最終選考に残った者を五人(あるいは六人)一組として三昼夜ずつ仕えさせる等々。また最終選考にもれた女性は宮廷内にとどめ、手仕事を学ばせる。持参金をもたせて官人に嫁がせることもある。

以上のうち、最後の(6)は、明らかに人から聞いた話である。噂として民間に流れていたことかもしれないが、じつはマルコは側室の最終選考にもれたモンゴル女性を娶《めと》っていたのであり、その女性をとおして、通常、知りえないはず

▼オンギラト族　モンゴルの有力種族の一つで、その上層部はモンゴル帝室と姻戚関係にあった。コンギラト族ともいう。

の、側室の選考手順について情報を入手できたのではないか、という説もある。宮廷に出入りしていたとしても、異邦人マルコのためにわざわざ特別なポストがにわかに用意されたとは考えにくい。宮廷内に以前からできている組織のなかに組みこまれたに違いない。そして既存の組織といえば、近侍の組織ケシク以外にはないのである。

ケシクの起源は初代のチンギス・ハンの時代に遡る。チンギス・ハンに対し忠誠を誓って臣従する有力者が自分の子弟を差し出し、自分は官人になる。その子弟は、チンギス・ハンの身辺にあって警護はもちろん飲食の提供をはじめ、もろもろの職務について奉仕する。そしてやがては父親のあとを継いで自分が官人となり、今度は自分の子弟がケシクにはいって奉仕する、というシステムがあった。その意味では官人を養成する機関にもなっていた。

このケシクのシステムはフビライの時代にも受け継がれ、組織は膨張した。非モンゴル官人の場合でも自分の子弟をケシクに入れており、官人にはケシク出身の者が少なくない。おそらくは、父ニコロは、官人に准じてマルコを差し出し、ケシクに入れ、そのことにより宮廷とのつながりが保証されたと考えられる。「序章」にニコロがフビライにマルコを紹介するときの言葉が単に「自分の息子」だけではなく、わざわざ「陛下のしもべ」であるのは、暗に右のようにマルコをケシクに入れ、奉仕させることを踏まえているのであろう。

ケシクにはいって宮廷での奉仕に従事すれば、おのずと宮廷事情につうずることになる。食事の提供はケシクの大事な任務の一つである。食事の一形態である宴会も、ケシクのメンバーが担当していた。マルコもその関係で前述の(1)に記したように、宴会場のことに詳しかったのである。ここでは省略するが、フビライの誕生祝いの宴会や新年祝賀の宴会についても詳しく報じている。

ちなみにマルコの「遺品目録▲」に記録されている遺品の一つに「銀帯」がある。これはフビライよりケシクの人員としてのマルコに支給され、帰国時に持ち帰ったものだという説もある。

マルコ、フビライの襄陽攻略にひと役買ったか

マルコが宮廷に出入りしていたとしても、平素からフビライに対していろいろと献策をおこなっていた形跡はない。ところが『見聞録』には、フビライの

▼**「遺品目録」** マルコの死後、娘婿の手により作成された。その文書上では、作成日は一三六六年六月一二日となっている。品目数は一七五で、品目ごとに数量と評価額が記されている。

▼**襄陽**　長江の支流、漢水の中流域にある交通の要衝。左頁地図参照。

▼**投石器**　襄陽で用いられた投石器がどのようなものかわからない。仕組みがわかりやすい一例を示す。

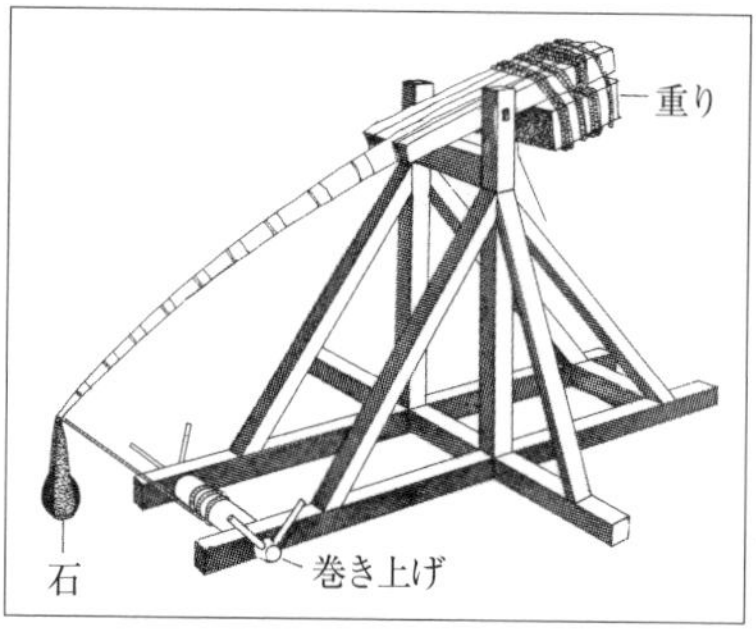

▼**ネストリウス派**　四三一年、コンスタンティノープル総主教ネストリウスの所説（マリア＝「神の母」説を否定する）は異端として斥けられたが、その所説を奉ずる流派はネストリウス派と称され、アジアに広まった。中国では「景教」と呼ばれた。

直面していた難題がマルコらの献策により見事に解決をみたという話がおさめられている。本当にそんなことがあったのであろうか。

対南宋戦を進めていたフビライは、華中の交通の要衝、襄陽《じょうよう》▲をなかなか攻め落とすことができずに苦しんでいた。そのことを知ったポーロ兄弟とマルコは、自分たちの従者に投石器▲を製作する技師がいるので、彼らに投石器をつくらせて襄陽の城郭内に巨石を投ずれば、その破壊力で相手方を恐怖におとしいれて降伏に導くことができようと上奏した。フビライはそれを喜んで採用した。

早速、その技師、ネストリウス派▲教徒とアラン人▲の二人に投石器三基をつくらせ、それを使って巨石を襄陽の城郭内に投じたところ、はたして城郭内は恐慌をきたし、投降を申し入れてきた。フビライは、ポーロ兄弟とマルコの力添えの賜物として謝意を表したという。さらに、フビライはこの地方から莫大な税収入をあげることもできたと、マルコは誇らしげにつけ加えている。

ところがマルコにとって皮肉なことには、投石器を使用して襄陽を攻略したという史実は『元史』にきちんと記録され、今日に伝えられているのである。それによると、イル・ハン国よりまねかれた投石器製作の技師、イスマイルと

▼アラン人　カフカース北部のペルシア系遊牧民族。イスラーム文献では「アス」といい、漢字では「阿速」と表記される。十世紀にギリシア正教を受容した。十三世紀にモンゴルの支配下にはいるとともに、同族から成る軍団「阿速衛」が編成された。

襄陽周辺地図

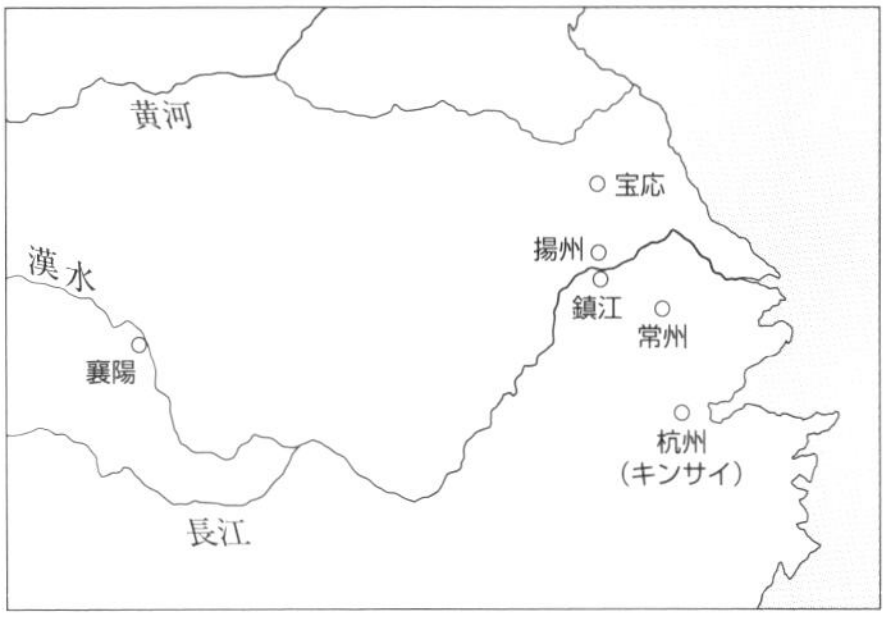

アラー・ウッ・ディーンの二人が「巨石砲」を製作し献上すると、「使用せよ」と指令が発せられて使用する。その結果、襄陽はついに陥落する。そして前者はその功績により回回砲手《かいかいほうしゅ》総管に、後者は管軍総管に任命されたという。

たとえ投石器を利用したという右のような記録がなくても、南宋の都臨安の陥落より三年前の、一二七三年二月に襄陽がくだったことだけははっきりしている（『元史』「世祖本紀」）。マルコらがフビライのもとに到達したのが一二七四年（一説に七五年）であるとすると、襄陽が降服したとき、じつはマルコらはまだ旅の途中であって、フビライに献策できるはずもなかったのである。

マルコは中国滞在中に襄陽を訪れた様子はないが、この襄陽攻略の裏話（西方から来た人が投石器をつくって成果をあげたという話）を聞いて、記憶にとどめていたのであろう。『見聞録』作成中、筆が襄陽の項におよんだとき、投石器のことを想起し、自分たちの手柄話に換骨奪胎したのである。

さらに『見聞録』によると、南宋治下のほかの都市がみな降服してしまってからも、この襄陽だけはさらに三年も抵抗を続けたという。おそらく、これは単なる誤聞ではあるまい。襄陽がいかにも長期にわたって執拗に抵抗を続けていたかのように、そのため襄陽攻略がフビライにとっていかにも難題であったかのようにみせかけることにより、その問題を見事に解決した自分たちの功績をきわだたせようとしたのであろう。

それにしてもどうしてマルコは、このようなつくり話を挿入したのであろうか。「序章」のなかでフビライについて「世界中の全タルタール人に君臨し、かつ地球上広範囲にわたる諸国・諸王国・諸州を支配する大皇帝」(愛宕訳1、一三頁)と大仰に形容している。フビライは、後述するように、たしかに君主として問題がないではないが、マルコにとってやはりヨーロッパ人に対しても誇るに値する大君主であったのである。そして自分たちは、なんとその大君主の側近にあって重要な役割をはたしていたのだ、このことを強調したかったのであろう。

マルコ、キンサイを紹介する

襄陽陥落後もフビライ軍は長江流域に進み、ついに一二七六年、将軍バヤンは南宋の首都臨安＝キンサイ▲に入城し、以後、マンジの諸都市を次々にくだし、

▼**キンサイ**　マルコは臨安をキンサイと記す。キンサイは漢語の行在(皇帝の仮の居場所)に由来する。宋朝にとっては金朝に奪われたとはいえ、汴京(開封)こそ本来の都であり、臨安(杭州)は仮の都であった。

翌七七年の十一月、フビライは正式に南宋の平定を宣言する（『元史』「世祖本紀」）。

何年のことかはわからないが、マルコはキンサイにはいった。南宋については自分が仕えるフビライが倒した国だからといって蔑むこともなく、冷静に評価している。

まず南宋の皇帝については、富の豊かさ、人民の数、国土の広さの点で、フビライを除けば、世界に匹敵するものがいないほどの君主とする。そしてその統治は「すこぶる善政」であったとし、「商店は終夜その店をあけ放しておいても紛失する物はなく、夜間の旅も昼間に異なる所なく安全だった」（愛宕訳2、二九頁）として高く評価する。

マルコによれば、治下の諸都市はいずれも周囲に深く広い濠をめぐらし、外敵の侵入を防ぐのに好条件を備えていたが、「国王」は武人としての資質に欠け、馬も乏しく武器も整わず軍隊も弱く、侍女たちと戯れるばかりで軍事について知らぬままに育っていたので、ついに国を失ってしまった、と解説する。

マルコはもっとも長く住んでいたはずの大都については、都市の大きさとか警備ぶりのほかはあまり詳しく記述していない。搬入される商品として宝石・真珠などの高額の奢侈品《しゃしひん》と大量の絹糸とをあげる程度であり、一般市民の暮しぶりや消費する食品には言及していない。大都については筆を抑え気味のようにさえ思われる。

それに対し、キンサイについては、のびのびと筆を走らせている。参考にした資料として南宋の宮廷から将軍バヤンに提出されたという文書をあげ、ほかに現地の富商や税関吏からも情報をえていることを記している。

キンサイの市内には幅広い街路と運河がめぐらされ、商品の搬出・搬入に便利である。市場には、鳥獣では牛・羊・山羊・鹿・兎・雉《きじ》・鶉《うずら》・鶏等々があり、魚類は海と湖水でとれるさまざまなものがある。梨・桃などの果物も豊富にある。香料・真珠・宝石を売る店もある。酒の専門店もある。マルコは商品の種類の多さに目を見張る思いがしたかのようである。自分たちキリスト教徒なら、決して口にしない犬の肉まで口にする、とあきれることもあったが、「世界第一の豪華・富裕な都市」と評価する。

住民については「誰とでも隣人のように親愛し合うから、市内の全域がまるで一家族ででもあるかのような観を呈している」といい、「商用で訪れた一見の客に対しても友愛であることは同様で、快く邸内に招じ入れてとても親切にもてなし、かつ取引き上の助言・協力を惜しまない」という(愛宕訳2、七〇頁)。

このように、キンサイの住民同士の睦まじさと外部の者に対する親切さをあげて、住民をほめている。ただし、フビライの送り込んできたキタイ人守備隊の将兵に対しては、目にすることさえいやがるという。それは、フビライ軍のために自分たちの君主・貴族が滅ぼされた恨みからであるという。

娼婦についても、大都の場合、二万人から二万五〇〇〇人という数をあげる程度であるが、キンサイの場合は数が多いことばかりでなく、次のように内部に立ち入っている。

娼婦は多数の召使いを使用し、豪華な館に住み、客扱いがたくみである。異国の客人もひとたび味を占めると、「それこそ片時も女から離れられず、そのかわいさと魅力のとりことなり、終世ずっと忘れられぬ始末になってしまう。その結果、彼は郷里に帰ってからも、口癖のように《天国の都市》キンサイに居た時のことを語り、是非もう一度彼の地に遊ぶことができればと熱望するのである」(愛宕訳2、六四頁)という。

マルコがかの地に滞在中、このようにキンサイの娼婦に魅せられてしまう人がいる、と聞いたのであろうか。それとも一見ひとごとのように記しているが、じつはマルコ自身、自分の想いを吐露しているのであろうか。

マルコはキンサイが気に入ったようであるから、もしキンサイの地方官に任じられれば喜んで赴任したであろう。実際に任じられたのは長江下流域の揚州で「かつてカーンの命をうけて三年間この町の統治に当たったことがある」(愛宕訳2、三八頁)という。当時、ケシクにはいっていた者がのちに官職につくのは慣例化していたから、マルコが地方官に任じられたとしてもおかしくない。

ただし三年間も在任していたとすると、揚州についての記述はその間の体験を踏まえたものであってもおかしくないが、実際にはありきたりの貧弱なものである。『見聞録』のザイトン▲(泉州)の項で、マンジのうち揚州とキンサイと福州はマルコが足跡をしるした土地であるから、詳細を記すことができたといっている。ということは揚州については詳しく記す材料がありながら、なんらかの手違いで、記さずに終わってしまったのであろうか。それとも、じつは揚

▼**ザイトン**　マルコは泉州をザイトンと記す。ザイトンは泉州の別名、刺桐城の刺桐に由来する。刺桐は海棠の一種で、同地の名物であったことから、その別名が生まれたという。

州任官は名目だけであって実際に赴任しなかったので、報告することがなかったのであろうか。

マルコ、キリスト教徒を発見する

前に紹介したように、マルコは『見聞録』に、フビライに襄陽攻略に投石器の製作・利用を献策したというつくり話を載せている。そのつくり話のなかで注意を引くのは、話のうえでは投石器を製作できる者は単に自分たちの従者としておくだけでもすむのに、わざわざネストリウス派教徒とアラン人にしていることである。どちらもローマ教会からみれば異端の派に違いないが、キリスト教徒にはかわりない。マルコ自身、たとえ異端の教徒であろうと、彼らには同じキリスト教徒として親近感をいだいていたのであろうか。あるいは読者に自分の身近にキリスト教徒がいたことを示したかったのであろうか。

西アジア地域のことを記したくだりでは、キリスト教徒の靴屋が祈りで山を移動させてイスラーム教徒を驚愕させたという話を紹介している。中央アジアの交通路沿いの諸都市を東方に向かって移動するさいにも、マルコ、あるいは

▼オングート族　中国北辺の陰山山脈付近にいたトルコ系種族。ネストリウス派キリスト教を受容していた。後年、モンテ・コルヴィノ修道士が布教に赴き、族長をカトリックに改宗させたという。

▼プレスター・ジョン　十字軍時代以来、西ヨーロッパでは東方のアジアに出現したと信じられていたキリスト教徒君主。

▼昆明・河間・宝応・鎮江　雲南の都市昆明のほかはいずれも、大都から南にくだるルート沿いにある。

父も叔父もキリスト教徒（ネストリウス派）がいるかどうかについて注意をはらったのであろう。カシュガル、サマルカンドから粛州・甘州にいたるまで、住民のなかに少数派であるが、ネストリウス派教徒が存在していることを指摘している。また西京北辺にオングート族族長の領域があるが、その族長をかのキリスト教徒王プレスター・ジョンの子孫とし、住民も大部分はキリスト教徒であると報じている。

中国内部を旅行するときにも、同様に住民の信仰には注意をはらっていたようである。マルコが踏破したのは、西方から来たときのルートは別とすれば、大都から中国西南部の雲南にいたるルート、および大都から南へ福州・泉州までのルートであるが、『見聞録』には両ルート沿いにある都市、計四〇あまりについてそれぞれ概要を記述している。

ほとんどの都市では住民は、当然のことながら、偶像教徒（仏教徒・道教徒）であるという。そのなかにあって昆明・河間・宝応・鎮江の四都市には、偶像教徒のほかにネストリウス派教徒もいると記す。その四都市のうち昆明には記載がないが、他の三都市とキンサイにはキリスト教の教会堂が建てられていることを指摘する。おそらくマルコは行く先々で教会堂の有無には注意をはらっていたのであろう。

右の四都市のなかでもとくに鎮江の、二カ所にあるキリスト教の教会堂については、次のようにその由来を記している。

フビライの治下にはいってまもなくネストリウス派のマール・サルギスという人物が、この鎮江の地方官として赴任してきた。それまでキリスト教徒もいなければ教会堂もなかったこの都市に、一二七八年(現地の記録によると八一年)に教会堂を建立したという。この鎮江については教会堂以外の記述は少なく、マルコがここに長く逗留した様子はみられない。ただ右のような記述ぶりからみるとマルコは、現地においてとくに教会堂については興味をいだいて情報の収集をおこなったのであろう。

ところで、『見聞録』の福州の項に、要約すると、次のような話がある。

マルコが叔父マテオとともに福州に滞在しているとき、えたいが知れない宗教団体があるというので、二人はでかけて行く。幹部の話を聞き、経文を借りて訳してみると、キリストの教えを奉じていることがわかる。そこでマルコら

▼**マニ教**　三世紀中頃、セレウキア生まれのマニ(二一六〜二七七)により創始された宗教で、諸宗教を統合したもの。ササン朝(二二六〜六五一)の保護を受け、ペルシアのみならずエジプト・インドなどにも広まった。

はその幹部に対し、人を大都に派遣し、宮廷にいるキリスト教徒の首脳をとおしてフビライに事情を説明し、公認を受けるように勧める。幹部はそれに従って手続きをとり、宮廷のキリスト教徒の首脳がフビライに上奏する。そのことをもれ聞いた偶像教徒の長老が異を唱えるが、最終的にはキリスト教徒として認められたという。その間どのくらいの月日を要したかについての言及はない。

じつは、今日ではこの福州の宗教団体は、キリスト教系統ではなく、当時、公認されないままに福建地方に広まっていた、未公認のマニ教▲の組織であると理解されている。

マルコは一体どうしてこのような話を挿入したのか。福州に来たとき、偶像崇拝の教団とは異なる、未公認の宗教団体の存在を知ったことは確かであろう。とすると、それからさきは次の二通りのことが考えられる。

一つは『見聞録』にあるとおり、マルコ自身、この宗教団体は本当にキリスト教系統であると信じ込んだ。そして実際にその幹部に会って公認を受けるように勧めた。もう一つはじつはマルコ自身その宗教団体がキリスト教系統ではないことはわかっていた。とくにその幹部と接触することもなかった。

いずれにせよ、『見聞録』上では、自分の勧めにより現地の「キリスト教」の一派が宮廷の公認を受けることに成功をおさめたのだ。いいかえれば、自分はキリスト教界のためにひと肌脱いだのだ、という一種の手柄話につくりかえたとみることができる。

マルコ、偶像崇拝を紹介する

前節で紹介した福州の宗教団体のことをマルコに教えてくれた人は、単に知人としておくだけでもすむと思われるのだが、わざわざサラセン人（イスラーム教徒）であると記している。人がイスラーム教徒であろうと何教徒であろうと、どんな宗教を奉じているか、マルコ自身はそれほどこだわりがなかったようにみえるが、東アジアに来てはじめて目にした、いわゆる偶像崇拝についてどのように報じているであろうか。

マルコによると、フビライの宮廷ではキリスト教であれ偶像崇拝であれ、それぞれの祭典には聖職者が儀式を執りおこなう。またフビライの誕生祝いの宴会ではキリスト教徒の聖職者が聖歌を唄い、香を焚き、フビライのために神に長寿と幸福を祈る。同様に偶像崇拝の聖職者も、フビライのために長寿と幸福を偶像に向かって祈るという。この件についてマルコはそのまま紹介するだけで、なにもコメントを付していない。

民間の聖職者についてはこう紹介する。仏僧はきちんとした身なりをし、髪・ひげを剃り、灯明をあげてもろもろの偶像のために勤行をおこなう。道士は大型の偶像を有し、火を礼拝し、戒律に従って粗衣粗食し、むしろの上に寝て妻帯せず、禁欲的な生活に徹する。

またカタイ人の礼拝については、居室の壁に神像を吊し、あるいは壁に神の名号を書き記し、そして日々香を焚き、手を高く上げ、歯を三たび鳴らし、神に福寿を賜らんことを祈る、という。

別の箇所ではカタイ人の民間の偶像崇拝について次のように解説する(なお、以下の民間の偶像崇拝に関する記述は特定の一写本にのみ収録されている)。偶像崇拝の教徒が奉ずる偶像は全部で八十四体ある。それぞれに名がつけられ、天上の神から独自の能力、例えば、農作物のために天候に恵まれて豊かな実りをもたらす、家畜を保護する、紛失物を探すなどの能力が授けられている。

紛失物を探すのに効験あらたかであるという偶像の場合、二体の少年の木像がおかれている。それには老婆が付き添っている。物を紛失した者がやってきて依頼すると、老婆は偶像に焼香させる。次に老婆が偶像におうかがいをたてる。お告げがある。老婆はそれに従って依頼人に紛失物の所在を示唆する。そして依頼人が探すと紛失物が見つかる。そこで依頼人は偶像に対して高価な品を奉納するという。

驚かされるのは、マルコ自身が一度紛失した指環を、右の老婆に依頼して見つけることができた、と臆することなく記していることである。もっともマルコは、偶像を信じたわけでもなければ、なにかを献納したわけでもないと断ってはいる。読者に、マルコがいまわしい偶像崇拝の教徒になりさがっていた、と受け取られないように配慮することは忘れていない。

ジパング(日本)を紹介する一節でも、記述は偶像崇拝にもおよぶ。ジパングの偶像崇拝は、カタイやマンジの偶像崇拝と同じ系統であるとし、その奉ずるところも同様に、牛・豚・犬・羊その他の動物の頭をした偶像である。また腕が四本もしくは十本、千本もある偶像すらあって、とくに千手を具《そな》えた偶像、すなわち千手観音は最高の地位を占める。この偶像に対する彼らの祈りは、このうえもなく敬虔である。そして偶像をつくるわけを彼らに訊けば、祖先から伝えられ、子々孫々に伝えるものだと答えるという。

以上のように偶像崇拝についての記述ぶりは、意外にいずれも淡白である。とくに嫌悪あるいは侮蔑の色合いは認められない。

ただし、ジパングの偶像崇拝の記述のあと、取って付けたように一転して次のような一節が加えられている。「偶像教徒の生活は全く荒唐無稽と悪魔の術との連続であって、その詳細を耳にすることはキリスト教徒にとって重い罪劫にすらなるものだから、本書では縷説《るせつ》すべきではないと考える」(愛宕訳2、一三九頁)と。一転にして偶像崇拝の教徒に対してひどく手厳しい。この一節だけは、マルコがにわかにヨーロッパの読者、とくに聖職者のことを想起して書き加えたのであろうか。

マルコ、君主フビライの弱みを伝える

フビライ時代、政府幹部に何人かイスラーム教徒が起用されていた。アフマ

ッド▲はその代表的な一人で、約二〇年権勢をほしいままにしていた。マルコがフビライのもとにやってきてから数年たった一二八二年、その大物官人アフマッドが大都で殺されるという事件が起きた。かねてからアフマッドの破廉恥な行為に業を煮やしていた二人のカタイ人チェンクーとヴァンクー▲がついに立ちあがって暗殺をはかったという。

『見聞録』によると、フビライが例年どおり上都に向かい大都を留守にしているとき、チェンクーたちは、夜、皇太子の命令だといつわってアフマッドを皇太子の宮殿に呼び出す。そこへやってきたアフマッドは、ヴァンクーを皇太子と誤解してひざまづく。そこを切りつける。それを目撃した警備の将軍が「謀反人」だと叫んでヴァンクーを殺す。チェンクーもとらえて処刑する。後日、フビライは、アフマッドの悪行を知り、その財宝を没収し、死体を掘り起こして路上にさらしたという。

マルコはこの事件が起きた当時、その場に居合わせたと記している。あとで人から聞いた話だとしても、その叙述するところは精彩があり、事件の経過については『元史』の記述するところとほぼ一致している。

▼アフマッド(?～一二八二)　中央アジアのバナーカト出身。フビライの皇后チャブイ妃の便宜で取り立てられ、長く平章政事に職にあり、財務を担当した。

▼チェンクーとヴァンクー　『元史』によっても首謀者は二人であるが、その名は千戸王著と高和尚である。マルコのいうチェンクーとヴァンクーは、前者は肩書きの千戸、後者は同人の名前の王著に由来する。

▼**李璮**（?～一二六二）　山東地方の有力者。いったんはモンゴルに服したが、フビライと弟アリク・ブカ（六一頁参照）とのあいだに戦さが始まると、兵をあげた。結局、鎮圧されたが、フビライ政権に大きな衝撃を与えた。

この事件より二〇年も前、フビライが即位してまもない一二六二年のこと、山東地方でカタイ人の大物である李璮《りだん》▲が大規模な反乱を起こし、フビライは鎮圧に半年もかかった。マルコはこの事件を次のように解説している。

李璮はこの地方の諸都市の指導者たちとあらかじめ協議して、フビライに対して反旗を翻すことを決定し、この地方の住民の支持のもとに決起する。フビライは大軍を投じて討伐をおこない、李璮軍を打ち破り、鎮圧に成功をおさめる。

この李璮の事件を聞き知っていたマルコはフビライの統治について一抹の不安を感じていたかもしれない。そして一二八二年、大都の宮殿で血なまぐさい事件が起きたのである。マルコは次のように解説する。

アフマッド謀殺事件は個人的な恨みを晴らそうとして起こされたが、それにとどまらず政権の打倒をはかったものである。そもそもフビライは正統なカタイの統治者ではない。軍事力によってカタイの統治権を握ったのである。フビライはカタイ人を信頼せず、モンゴル人・イスラーム教徒・キリスト教徒を官人に任命してカタイ統治にあたらせている。官人はカタイ人を奴隷視している。

当然、カタイ人はフビライの統治をきらっている。

マルコによれば、この事件の主謀者である二人のカタイ人は、各地の指導者たちに計画を打ち明けて全面的支持をとりつけ、さらにほかのいくつかの都市の同志たちにも連絡をとり、烽火《のろし》で合図していっせいに蜂起し、単にアフマットのみならず、モンゴル人・イスラーム教徒・キリスト教徒を襲って皆殺しにしようとはかったのだという。

マルコは、この事件について前述の山東地方で起きた李壇の反乱とかさね合わせ、共通の政治的社会的背景があると理解したようである。そしてカタイ人ではないマルコたち自身も襲撃の対象になっているのではないか、と不安を覚えたのであろう。

このアフマッドの事件は、横暴な高官に対する怨恨から引き起こされた事件である。マルコの説くような反体制的な一斉蜂起の計画ではなかったであろう。また、フビライのカタイ統治にあたる官人が異民族出身者にかぎられ、カタイ人がまったく排除されていた、とはいえない。その意味ではマルコの解説は正しいとはいえない。

しかしマルコは、慧眼を備えており、当時のフビライを頂点とする異民族政権とその統治下にあるカタイ人とのあいだに軋轢があり、フビライの統治が磐石でないことを見抜いていたのである。フビライの統治の危うさについて、マルコは別な面からも指摘している。

カタイであれマンジであれ、フビライの統治下にあるところではどこでも都市の近郊に軍隊が配置されている。そのことについて『見聞録』には、「彼に反抗し乱を願う不忠不義の輩が少なくないので、大都市や多数の人口を擁する地方にはどうしてもそれぞれ一軍を駐屯させておかねばならない」(愛宕訳1、一八〇頁)とある。例えば、キンサイに歩兵・騎兵からなる大軍を駐屯させているが、これも万一にも起こりかねない反乱を抑圧する備えであり、福州に大部隊が駐屯しているのも、過去において住民がたびたび反乱を起こしているからであるという。

このようにマルコによれば、フビライは軍事力にものをいわせて反抗を抑えこんで、辛くもカタイとマンジの統治を維持しているということになる。

じつは、右に紹介したアフマッド謀殺事件、フビライの都市近郊への軍隊配置、前に言及したキンサイ市民間にみられるフビライ軍兵士への嫌悪感の記事は、いずれも『見聞録』の、いろいろあるテキストのうち、ラムージオ▲の刊行本にのみおさめられており、その他の系統のテキストにはない。

このことは偶然生じたことではあるまい。フビライを君主として評価し偉大さを強調しているマルコにとって、右のようなフビライの弱みは、記してよいものかどうか、微妙な問題であったのではないか、と思われる。そうでなければ、フビライ賛美の言葉と同様にいずれのテキストにも記されているはずである。

なお、ラムージオ本ではことさらフビライのマイナス面のみを強調しているわけではない。フビライが軍事的指導者として優れているというくだりや、住民がフビライを神のごとく崇めているという慈善事業のくだり（後述）をおさめているのもこの本だけである。

マルコ、君主フビライを賛美する

マルコは、前節で述べたようなフビライの弱みも認めざるをえず、老いてい

▼**ラムージオ**（一四八五〜一五五七）　ヴェネツィア人。元老院書記官。一五五〇年代に『航海・旅行記集成』全三巻を編集・刊行し、内陸アジア・ロシアなどの部の第二巻に『東方見聞録』（イタリア語訳）を収録した。

くフビライを見て、先行きに不安を感じていたであろう。それでもマルコはフビライに愛想をつかすこともなく、忠臣であり続けたようである。

『見聞録』ではフビライの容姿について「身長は高からず低からず」「姿態は端正」「四肢の均整はよく整っている」「顔色は白皙《はくせき》に赤みを交え」「眼は黒くて美しく」「鼻も格好よくずっしりと」（愛宕訳1、一九三頁）と好意的に美化して紹介している。

マルコは君主としてのフビライの美点をどのように伝えているであろうか。次の二点にまとめることができる。

第一に、偉大な君主である。

第二に、親キリスト教的・親西ヨーロッパ的な君主である。

まず、第一の「偉大な君主」を取り上げる。「人民・国土・財宝」の点で「われらの始祖アダムより以来今日に至るまで、かつてこの地上に実在したいかなる人物に比べても、はるかに巨大な実力を具有している」（愛宕訳1、一七七頁）という。ヴェネツィア育ちのマルコからは、フビライはとてつもなく広大な領域とおびただしい人民の上に君臨する大君主に見えたとしても不思議ではない。大都から雲南まで、同じく大都から福州までのルート沿いの都市のことを記しているが、どの都市についてもフビライの治下にあることを逐一記している。フビライの統治があきれるばかりに広くおよんでいることをあらためて知ったのであろう。

また君主となる前、フビライは戦さにはいつも参加し、戦士として勇敢であり、将帥として秀でていたとする。ついで兄モンケ没後、末弟アリク・ブカ▲と帝位を争ったことについて、フビライはチンギス・ハン直系の皇統に属していたとし、「元来カーンの位は当然彼に帰すべき筋合いのものであった」(愛宕訳1、一七八頁)といい、フビライに正統性があるとしている。

しかもフビライは単に強大な権力を掌握しているだけではない。ひとたび天災や病虫害で飢饉が発生すると、人民に対しては例年の貢納を免除し、必要とする食糧・種子をほどこし与える。そのために豊作の年に大量の穀物を穀物庫に貯蔵させておく。さらに大都の困窮した住民には惜しみなく食糧をほどこし、衣服を支給する。『見聞録』ではこのようにフビライの慈善事業を紹介し、人民からも高く評価されていたという。

▼**アリク・ブカ**(在位一二六〇〜六四)　モンケ、フビライ、フレグの弟、モンケの没後一二六〇年に即位、フビライと争い、屈した。一二六六年没。

第二の「親キリスト教的・親西ヨーロッパ的な君主」のうち、まず「親キリスト教的」について記すと、フビライは、キリスト教はもちろんその他諸宗教の祭礼にも参加するが、その言動から推《お》してキリスト教こそ「最善最上の真理」とみていることは確実であるという。

さらに、前に記したように、フビライはポーロ兄弟に教皇宛の書簡を託し、偶像崇拝の教えを論破する、キリスト教につうじた賢者一〇〇人を派遣してほしいと要請したことになっている。そしてその賢者が偶像崇拝の教えを排除してくれれば、自分も臣下も洗礼を受けるとする(愛宕訳1、一九〇頁)。もちろん、このようにフビライが「親キリスト教的」であるというのは、あくまでも『見聞録』上に記されているだけである。

次に「親西ヨーロッパ的」について。第一に、一〇〇人の聖者派遣を教皇に要請するときに、とくに聖者の条件に「七芸につうじている」をつけ加え、一見、当時の西ヨーロッパ文化に関心を示しているかのようである。もっとも、仮に本当にフビライがポーロ兄弟から七芸がどんなことか、説明を受けたとしても、その背景にあるものを知らないフビライが十分に理解できたとは思えない。

さらに注目すべきは、後年、マルコら三人が海路で帰国の途につくとき、フビライはマルコらを教皇ばかりでなく、フランス王・スペイン王、その他のキリスト教国の王への使節に任じていることである。

そのとき使節の任命にさいしてフビライが具体的にどんな使命を託そうとしたのか、あるいはどんな文書を託したのか、その記述はない。また口頭でなにかを伝えたとしても、実際にマルコらが帰国後になにか使節らしいことをした、あるいは、しようと試みた形跡はなにも伝えられていない。使節に任じたといっても、フビライがあたかも西ヨーロッパ諸国の君主に関心を示しているかのようにみせかけただけだったようである。

以上のように、『見聞録』では、フビライの偉大さと親キリスト教的・親西ヨーロッパ的であることが強調されている。

偉大さを強調しているのは、マルコ自身がフビライを尊敬し、その宮廷に仕えていることを誇りとしていたからにほかならない。フビライが親キリスト教的・親西ヨーロッパ的であると、ことさらマルコが強調しているのは、どんな意図からであろうか。次の二点が考えられる。

第一に、マルコ自身に尊敬する大君主フビライが偶像崇拝とは完全に縁を切り、キリスト教への改宗を一キリスト教徒として願望していたことである。

第二に、マルコとしてはフビライの大君主ぶりが西ヨーロッパキリスト教世界の人々にも理解されることを願っていたためである。ただマルコがその大君主ぶりをいかに強調したところで、フビライが偶像崇拝の徒とみられてしまっては、まったく問題にされない。そこで極力、親キリスト教的・親西ヨーロッパ的君主であることを強調することによって、第一の、「大君主である」ことが素直に受け入れられるように願ったのではないか。もちろん、もし受け入れられれば、その大君主に仕えた自分たちも光彩を放つことになるのである。

マルコ、マーバル国へわたる

『見聞録』にはとくにマルコの中国・インド間の航海の記録は掲載されていないが、「序章」には一二九〇年末マルコら三人の帰国するに先立ってインド方面から帰還したことが次のように記されている。

その頃、何隻かの船とともに赴いていたインディア諸地から帰ってきたマルコ殿は、それらの国々と自分が行なった旅についての数々の話、とりわけその海域では安全に航行できることをグラン・カンに報告した。

〔高田訳、二九頁〕

さらに『見聞録』のチャンパ国の記事のなかに、一二八五年当時マルコは同国にたまたま来ていたとする一節がある。すると、一二八〇年代の一時期にマルコは中国を離れたことがあったとみなければならない。またマルコがインドにわたったことについては、右の一節のほか、インドから真珠・宝石など高価な商品を積んだ船が入港するというザイトンの項にも、マルコが長くインドに滞在し、同地の生活・風習・取引を心得ていると記されている。のちに紹介するように、マルコの伝えるマーバル国▲情報はかなり詳しい。

ちょうどそのころフビライは二度にわたってマーバル国に使節を派遣している。マルコは、そのどちらかに随行したとみるべきであろう。

まず、一二八五年にマーバル国へ「奇宝」入手のため使節を派遣している（『元史』「世祖本紀」）。使節の長としてマスード、補佐としてアリの名があげら

▼チャンパ国　ヴェトナム南部にあったチャム族の国。中国では「占城」と表記されていた。

▼マーバル国　インド東南端、スリランカの対岸地帯にあったパーンディア国を指す。都マドゥライへはヴァイガイ川を遡る。

▼**仏鉢・舎利**　釈迦の食器と遺骨。仏教徒の尊崇の対象になっていた。

れている。もしマルコがこの一行に加わっていたのであれば、往路チャンパ国に立ち寄ったとみることができる。

次に、一二八七年にマーバル国に「仏鉢《ブッパチ》・舎利《シャリ》」▲を求めて使節を派遣している(『元史』「亦黒迷失伝」)。じつはこの件に対応すると思われる記事が『見聞録』にもある。それによると、年次は異なって一二八四年としているが、マーバルの対岸のセイロン島へ多数の従者をともなった使節を派遣し、聖なる遺物、歯・頭髪・鉢の入手に成功して帰還し、フビライはご満悦で慶事として祝典をおこなったという。そこではマルコ自身についてなにも言及されていない。

右の二回の使節派遣のうち、マルコがいずれかに加わっていたと思われる。『見聞録』に見える一二八五年にチャンパにいたという記述を重くみれば、同年に出発したことになろう。

『見聞録』ではマーバル国、とくに国王関係の記述が詳しい。マルコを含む使節が国王に謁見したのかどうかについてはなにも言及していないが、国王の装身具について、マルコ自身の関心事であったのか、その記述は細かい。国王も一般の住民と同様に衣類は腰布のみであるが、首はルビー・サファイア・エ

●──**中年のマルコ像**　十九世紀、ジュゼッペ・ダラの作品（銅版画）。ヴェネツィアのコッレール博物館蔵。

●──**晩年のマルコ像**　十六世紀、ヴェネツィア派の画家ティツィアーノ・ノヴェチェリオの作品。右手と左手に計四つ指輪をはめている。

メラルドなどで飾り、首から絹の組み紐(計一〇四個の大真珠とルビー付き)を胸元にたらし、両腕のそれぞれ三カ所に黄金の腕輪(宝石・大真珠をちりばめたもの)、両脚のそれぞれ三カ所に黄金の足環(宝石・真珠付き)を、足の指先にも真珠と宝石をつけている。

国王関係以外では、真珠の採取方法についての記述がある。そこでは『見聞録』にはめずらしく商人が登場し、仲間をつくっていかにして漁夫を雇用し、真珠を入手するかを報じている。また僧院の偶像(男神・女神)に向けて若い女性多数の歌舞を奉納する習慣を詳しく紹介している。その一種の偶像崇拝については批判がましいことはなにもいっていない。

③—マルコの帰国と『東方見聞録』

マルコ、帰国の途につく

一二八〇年代、マルコがインド方面にでかけていたころ、イル・ハン国の君主アルグンは四人の妃のうちブルガン妃▲を亡くし、その遺言により同じ家系の娘を後継の妃に迎えることにした。そのためモンゴル本土で暮らす、しかるべき女性を求め、三人の使節ウラタイ・アブスカ・コージャをフビライのもとに派遣してきた。そして一七歳のコカチン姫が選ばれた。一行は一二八八年に陸路で帰国の途についたが、中央アジアで戦乱が起きていて危険であるため、引き返し、海上ルートで帰国することになった。

「序章」によると、ちょうどそのころマルコがインドから帰国し、安全に航海できることをフビライに報告したという。アルグンの三使節は、南海航海の経験のあるマルコをともないたいとフビライに願い出た。三使節は、来るときは陸路であり、長い航海は未経験で不安だったに違いない。それまでマルコらが帰国したいと申し出ても、フビライはいい顔をしなかったが、ことここにい

▼ブルガン妃　アルグンの父アバカ（先代君主）の妃の一人。父の死後、子アルグンが娶り自分の妃に加えた（当時の習慣では父の死後、子は自分の生母でない、亡父の妃を娶っていた）。

▼江淮行省　最高統治機関中書省の地方出先機関の一つで、長江以南の、福建にいたる沿岸部一帯を管轄していた。

マルコらのザイトン出港の図

たってついにマルコらの帰国を認めたという。ちなみに当時、フビライは年齢七〇代半ば、マルコは三〇代半ばになっていた。

かつて中国の歴史家楊志玖《ようしきゅう》によりアルグン一行の帰国に関係する記録が中国の古文献のなかから発見され紹介された(一九四〇年)。そこにはマルコの名こそないが、『見聞録』上の三使節の帰国に関する記述の正しさを裏付けている。その記録とは、一二九〇年八月付けの、江淮行省▲の地方官から中央への次のような照会である。

「兀魯䚟・阿必失呵・火者」の三人が「馬八児《マーバル》」国を経由してアルグンのもとへ赴く件で、一行一六〇人中、正規のメンバー九〇人には食事など所定のものを提供するが、ほかの七〇人は、贈られたり買い上げたりした者だから、食事などはお上のほうからとくに提供する必要ないのではないか、というものであり、それは承認された(『永楽大典』「站赤」の項)。

右の「兀魯䚟・阿必失呵・火者」は、「序章」にあるアルグンの三使節「ウラタイ、アブスカ、コージャ」のことである。「馬八児」国経由とは、海上ルートの利用を意味する。目的地はやはりアルグンのところである。この三点とも「序章」の記述に対応している。マルコら三人は、おそらく右の記録にある正規のメンバー九〇人中に含まれていたのであろう。

一行は一二九〇年末には泉州港から出帆した。「序章」によると、一行は一四隻から成る船団で二年分の食糧を積み込んで出発した。途中、スマトラ島での五カ月の滞在を含めて一年半の旅を続けたのち、九三年、ペルシア湾入り口のホルムズに着いた。

マルコ、コカチン姫に同行する

一行は、ホルムズに上陸したのち、当然イル・ハン国の宮廷に向かうが、宮廷では妃を求めていた当の君主アルグンはすでに一二九一年に没し、後継者としてその弟ガイハトゥ▲が位についていた。新君主ガイハトゥはコカチン姫をアルグンの王子ガーザーン▲のもとに届けよ、と命令を発した。

「序章」では当時、王子は東方の国境地帯にあって六万の兵を率いて警備の任にあたっていたので、ニコロたちはそこまでふたたび姫を送り届けなければならなかったという。いかにも遠方まで送り届けたかのように記されているが、

▼**ガイハトゥ**（在位一二九一～九五）　アルグンの弟、イル・ハン国第五代君主。在位中、元朝の「鈔」にならい、紙幣を発行したが、経済的混乱をまねいたという。

▼**ガーザーン**（在位一二九五～一三〇四）　アルグンの子、イル・ハン国第七代君主。イスラーム教徒。シリアに出兵し、マムルーク朝と戦った。ローマ教皇にシリアへの共同出兵を申し入れたこともある。

イル・ハン国の史書『集史』▲は次のように伝えている。すなわちガーザーンが東方のホラーサーン▲地方へ向かう途中、アブハル▲の地に、アルグンが派遣した「ホージャと使者一行」が「コカチン姫」をともない、王者ガーザーンにふさわしい中国土産を持参してやってきた、そしてガーザーンは同地でコカチン姫を娶った、と。

　このように、コカチン姫がガーザーンに嫁したことは、この史書の記述にも符合しているが、マルコたちの名は記されていない。もしマルコたちもガーザーンのもとまで赴いたのであれば「使者一行」のなかに含まれていたはずである。

　「序章」にはマルコら三人は彼女の面倒をよくみたので、彼女もまた自分の父親に仕えるように三人に仕えたとある。もし本当にそうであれば、コカチン姫を無事にガーザーンのもとに送り届けたあとの、彼女との別れの場面がいわばハイライトとなるはずである。詳述されていてもおかしくないが、実際には別離のとき「彼女は悲嘆の涙にくれたものである」(愛宕訳1、三三三頁)と記すにとどまっている。なおコカチン姫は三年後に世を去ったという。

▼『集史』　ガーザーンの勅命を受け宰相ラシード・ウッディーンらにより編纂された、ペルシア語の歴史書。モンゴル族の歴史と世界史からなる。

▼ホラーサーン　イラン東北部に位置する。当時、中央アジアのチャガタイ・ハン国と境を接していた。

▼アブハル　今日のテヘランの西方約一六〇キロ。

ガーザーンとコカチン姫の結婚式
(十四世紀のミニアチュールより)

「序章」にも本文にも、帰路イランに上陸してからのことは具体的な記述を欠いている。ただとくに力を込めて語っているのは、マルコらが大君主フビライの信任厚かったからこそ、コカチン姫をアルグンのもとに届けるという「重大な使命」を託されたということであり、それは「名誉の極み」であるという。

　マルコの「遺品目録」によると、遺品百数十点のなかに当時のモンゴル貴婦人が着用していた頭飾りがある。ペルシア語でボクタ▲(boqta)といい、「遺品目録」では「bocheta」と記されている。その由来についてははっきりしたことはわからない。ただ二つの仮説がある。一つはコカチン姫からの贈りものとみるオルシュキ説である。もう一つはマルコと縁があったが別れてきたモンゴル女性の忘れ形見とみるホー説である。いずれにせよ、マルコは東方から持ち帰り、後生大事にしていたに違いない。

　その後、マルコらはガイハトゥのお膝元タブリーズに立ち寄り、そこに九カ月滞在した。おそらく商取引に従事していたのであろう。そして帰国の途につき、黒海に面したトレビゾンドに出た。そこからコンスタンティノープルへわたり、ネグロポント▲をへて一二九五年にヴェネツィアに帰り着いた。

▼ボクタ　一種の婦人帽。頭に乗せるリング状の部分と上に高く伸びる飾りとからなる。左の図はボクタをかぶったフビライの妃チャビ。

▼ネグロポント　ギリシアのエーゲ海側にある島。古代のエウボエア。十三世紀はじめからヴェネツィアの勢力下に、のちにオスマン領となった。なお、この島には同名の都市がある。

マルコ・ポーロ一家

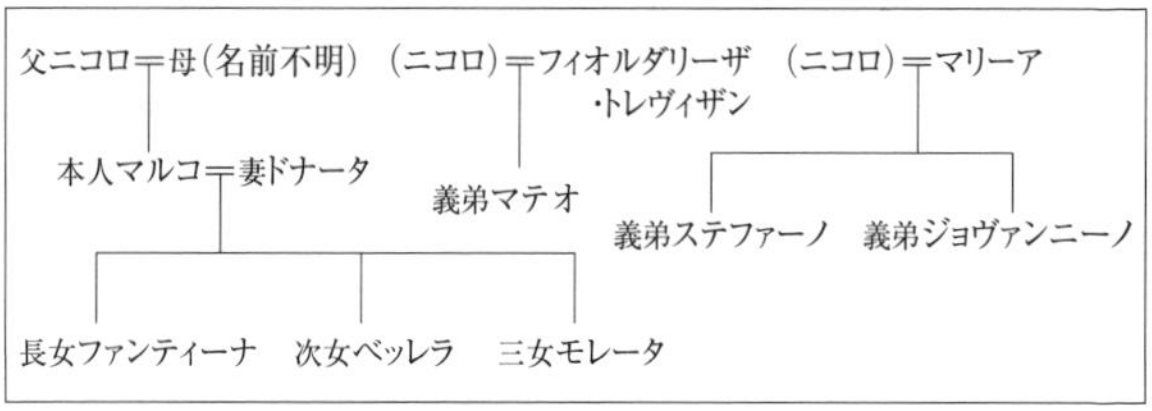

なおニコロは、素性はわからないが、マリーアという女性を娶《めと》っており、その間にステファーノとジョヴァンニーノの兄弟（つまりマルコの異母兄弟）がいた。その兄弟の出生は年齢から推《お》してニコロが東方にいたときと推定されている。叔父マテオの一三一〇年作成の遺言書には、マリーアもステファーノとジョヴァンニーノも遺産相続人に加えられている。『見聞録』上では、終始、一行は三人であるように思われるが、帰途にあってはその異母兄弟も、そしてその母マリーアも同行していたこともありえよう。

ヴェネツィア、ジェノワと争う

マルコらが東方に出向いている二十数年のあいだに地中海東部地域の状況は大きく変わっていた。

アンティオキアは、マルコがヴェネツィアを出発する前の、一二六八年にすでにエジプトのマムルーク朝の手中に帰していた。その他のトリポリをはじめとする十字軍の地中海沿岸諸都市も、一二八〇年代にかけて次々に同王朝の奪うところとなっていった。最後に残っていたイェルサレム王国のアークルもつ

●──**クルツォラ島**　当時ヴェネツィアは、この島を含めアドリア海のダルマティア沿岸を領有していた。

●──**マルコら二十数年ぶりに帰宅**　しかし、信じてもらえず、家に入れてもらえなかったという話を描いたもの。

●──**マルコの居宅があった建物**

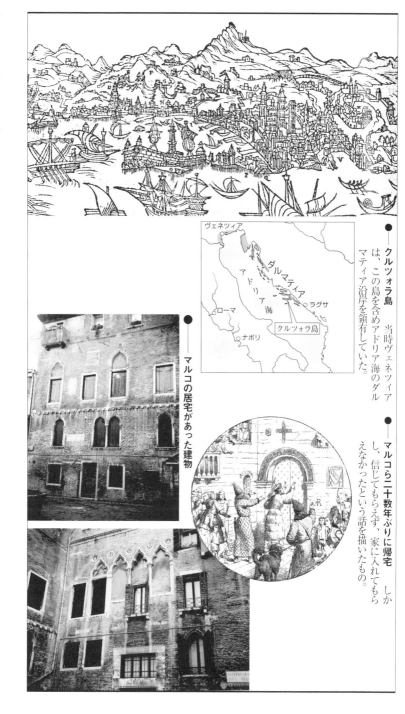

いに一二九一年に陥落し、十一世紀末以来の十字軍勢力が保持してきたシリア・パレスティナの拠点は一掃されたのである。

アジア貿易も、インド方面からシリア・パレスティナの地中海沿岸諸都市を通る通商ルートはいっそう衰退した。かわって北方の黒海の諸港、トレビゾンドやソルダイアなどには、ますます東方の遠隔地や周辺地域から物産が流入するようになり、黒海貿易がクローズアップされてきた。

その黒海貿易の主導権をめぐってヴェネツィアとジェノワの対立が激化した。一二九四年にはギリシア近海でヴェネツィアの船隊がジェノワ船を拿捕した。それに対し、ジェノワの船隊がアヤスの沖合いでヴェネツィアの船隊を襲撃した。

そして一二九八年、ジェノワの艦隊がアドリア海に遠征してきた。それに対してヴェネツィアの艦隊がクルツォラ島近くで迎え撃ったが、敗北を喫し、ヴェネツィア人七〇〇〇が捕虜になったという。

マルコ一行が帰国したのは、ヴェネツィアがジェノワとのあいだで抗争を繰り返していた真っ最中の一二九五年のことである。帰国後、マルコは志願して軍人となり、九八年九月、ヴェネツィア艦隊がアドリア海のクルツォラ島沖でジェノワ艦隊を迎え撃ったときにジェノワ側にとらえられたといわれる。この見方ではマルコがなんの準備もないままジェノワに拉致され、仮にヴェネツィアから資料を取り寄せたとしても、はたして一年足らずのあいだに『見聞録』が作成できたか、という問題が生ずる。そこで両国のあいだには大きな海戦のほかにもしばしば軍事衝突があったから、帰国後の、九八年以前の小規模な軍事衝突で捕虜になったという見方が有力となっている。

マルコは不運にもヴェネツィア・ジェノワ間の抗争に巻き込まれた。そしてジェノワで、幸いにしてピサ出身の物語作家ルスティケロと出会い、『見聞録』を作成することができたのである。

マルコ、財を成す

帰国後のマルコは商取引に従事していたらしい。叔父マテオの遺言状によると、ある人物は、マルコとマテオの二人からの借金の返済の一部として麝香《じゃこう》を届けてきたことになっている。麝香を返済にあてたのは、債権者であるマルコ

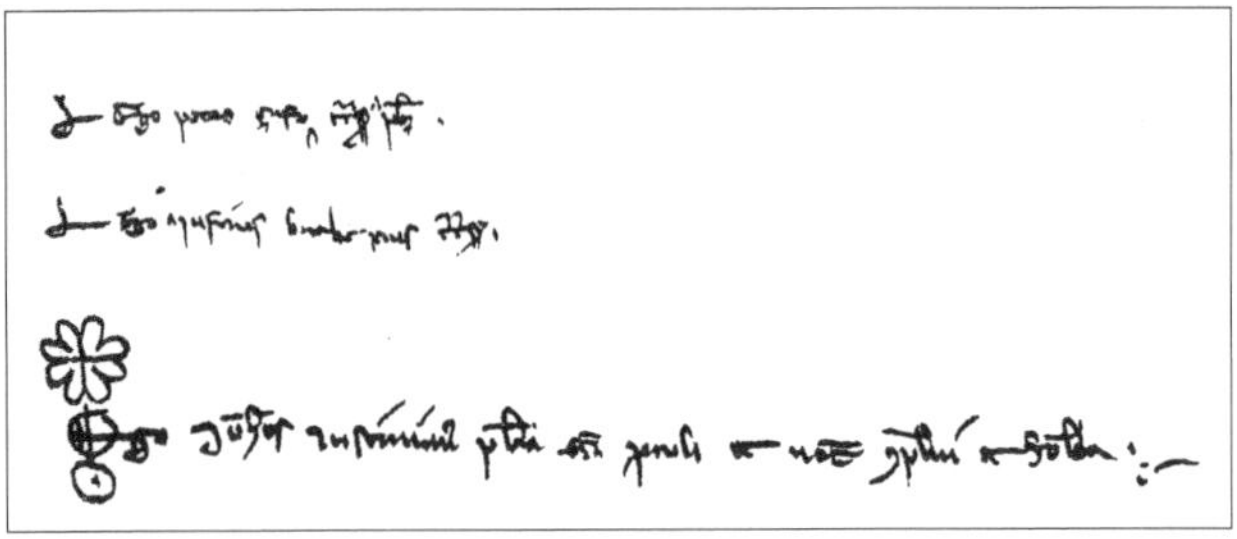

▼遺言状　一三二四年一月八日に作成された。左記はその末尾にある証人三人の署名である。最後の行は、公証人の花押と署名と保証する旨の文言である。

とマテオの側からの求めに応じた結果であるという。また右の件と直接関係ないが、当時のヴェネツィアの一裁判記録によると、マルコは麝香の販売を、利益折半の条件で人に委託したがマルコにとって不本意な結果に終わったので裁判所に訴え、勝訴したという。

マルコの「遺品目録」によると、繭《まゆ》(約七・二三キロ)、生糸(約一二キロ)、馬の毛(約一二キロ)を所有していた。こうした原材料は自家消費するために保管していたのではなく、おそらく業者に売却するために仕入れていたもので、そのまま死後に残されたのであろう。

このように記録に残されている物品から判断すると、麝香をはじめ、少量で高価格のつく商品の取引に従事していたようである。

マルコの財産がどの程度であったかについては、巨額とみる説とそれほどではなかったとする説とがある。ただはっきりしているのは(以下の数値は榎一雄による)、遺言状▲に妻ドナータが終世、年金として八リブラ受領できるようにしたためていることである。当時の著名人の遺言状に記されている、残される妻の年金額は四〜六リブラであったから、当時の水準ではマルコの妻は恵まれていたことになる。

妻の年金の元金は一三三リブラあまりであるという。マルコは遺言状により、義妹イサベタ・キリノへの貸付金三〇〇リブラを帳消しにしている。また、マルコにはペテロというタタール人の奴僕がいた。東方から連れてきたのか、帰国後に買い入れたのかはわからないが、遺言状により、奴僕から解放するとともに一〇〇リブラという大金を与えている。さらに金額は明記していないが、ドミニコ会の二修道院と二人の修道士に対する貸付金も抹消している。ここから生前のマルコは金銭的に余裕のあったことがうかがえる。

同時代人、マルコと『見聞録』を評価する

一三二〇年前後に『見聞録』をラテン語に翻訳したドミニコ会のフランチェスコ・ピピーノ修道士▲は、その訳書の序文において次のような趣旨のことを記している。

本書の内容は読者には信じがたいであろうが、マルコは信仰心の篤い立派な方でその語るところは信ずるに値する。父も叔父もまたしかり。とくに叔父は

▼ピピーノ修道士　生没年不明。十三世紀後半〜十四世紀前半のボローニャのドミニコ会修道会修道士。

死に臨んで懺悔を聴聞する司祭に向かい、つまり嘘をつくことはありえない状況において、本書の内容は真実であることを良心にかけて保証した、と。『見聞録』の内容について、訳者ピピーノ修道士が信ずるに値する、とわざわざ断ったりしているのも、『見聞録』の内容には、当時の人々にはそのまま真実としては受け入れがたい記事が含まれていることを物語っている。

マルコは、フビライを取り上げて、治下の人民の数や国土の広さ、あるいはもてる財宝の豊富さの点で有史以来最高の君主だ、と評価する。あるいはその宮殿の美麗さは、これほどのものを設計・建造できる者はほかにはいないと断ずる。あるいはキンサイは、間違いなく世界第一の豪華・富裕な都市であると賛美する。自分たちの住んでいる地域こそ世界最高であると自負している当時の読者からみれば、おそらく素直に信じられる話ではなかったのであろう。

こうした事情を知りながら、ピピーノ修道士はキリスト教の聖職者の立場から、『見聞録』に異境における偶像崇拝の様子や奇妙な風習などが記述されていることに注目し、こう考えた。

この『見聞録』の記述をとおして、読者は、異教徒が闇の世界にとどまっているのに対し、自分たちキリスト教徒は光の世界に導かれていることを知って神に感謝するであろう。そして異教徒を哀れみ、彼らの心を開くように神に祈るであろう。さらには何人かの聖職者は教えを広めるために異教徒の地に赴くであろう、と。

ピピーノ修道士は、このように本書の意義を認め、広く読まれるように、とラテン語訳を作成したのである。

さらに別の視点から『見聞録』を評価し、マルコに注目した同時代人がいた。ピエトロ・ダーバノ▲である。この人物は、赤道地域に人が住めるか、という問題にとくに関心をもっており、マルコに直接会って話を聞き出したという。著書『哲学者と医学者の間に存在する論争の調停者』のなかで、マルコを「地上の大旅行家、熱心な観察者」として高く評価し、彼から聞いた話を紹介している。その一つにマルコが彗星を目撃したことをあげている。スマトラ島あるいはその近くでマルコは南の天空に袋状の大きな尾のついた星を見たといい、その形状をマルコ自身が描いたという。それは星座ではなく、いわゆるほうき星（彗星）である。このことは『見聞録』では取り上げていないが、マルコ自身が

▼**ピエトロ・ダーバノ**（一二五〇〜一三一六）　パドゥア大学教授、医術・哲学・天文学の著作がある。

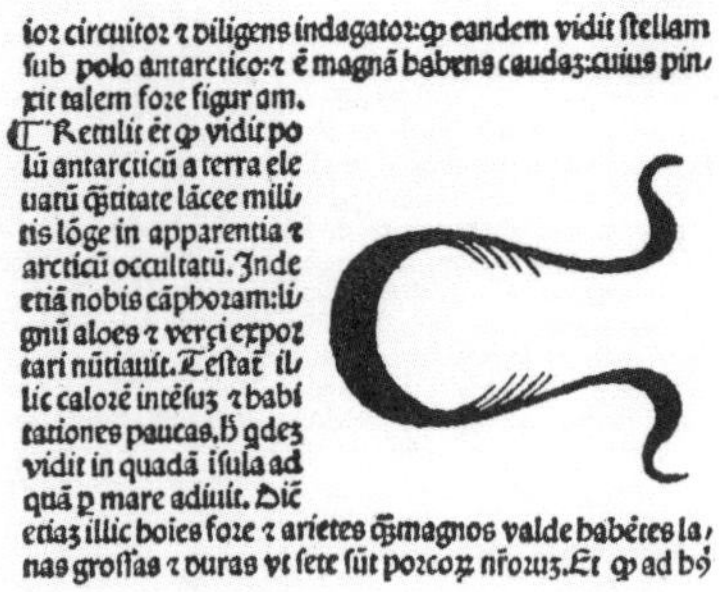
ior circuitor z diligens indagator: q eandem vidit stellam
sub polo antarctico: z e magnã habens caudã: cuius pin
xit talem fore figuram.
Remulit ẽt q vidit po
lũ antarcticũ a terra ele
uatũ q̃titate lãcee mili
tis lõge in apparentia z
arcticũ occultatũ. Inde
etiã nobis cãphorarũ: li
gnũ aloes z verçi expor
tari nũtiauit. Testat il
lic calorẽ intẽsũ z habi
tationes paucas. H gdez
vidit in quadã isula ad
quã p mare adiuit. Dic
etiaz illic hoies fore z arietes q̃ magnos valde habẽtes la
nas grossas z duras vt sete sũt porcoz nr̃orũ. Et q ad h

▼**ほうき星**　マルコが描いたと伝えられているものは次のとおりである。

▼**コロンブス**(一四五一〜一五〇六)　ジェノワ生まれ。航海者・探検家。

描いたほうき星▲はダーバノの書物に転写されて今日に伝わっている。

コロンブス、『見聞録』情報に導かれる

よく知られているように、十五世紀中頃に活版印刷術が発明され、以後、書物が印刷されて読まれる時代を迎える。『見聞録』も刊本として流通するようになり、当然、読者がふえたに違いない。その刊本の第一号は、一四七七年にニュールンベルグで発行されたドイツ語訳である。その口絵には、この本は著者自身が目撃した「世界の大いなる驚異」であることを謳っている。十六、七世紀に刊行された、おおよそ三〇種の『見聞録』には書名に「世界の大いなる驚異」という文言を含むものが多い。異境における驚異が盛られている読み物として人々の好奇心をそそろうとしたのであろう。

それまで『見聞録』は好奇心を満たす読み物であったが、十五世紀末、大航海時代を迎えると、別な角度から光があてられるようになる。コロンブス▲が西方に向かって東アジアに到達しようとしたとき、その東アジアの情報源は『見聞録』であった。

●―コロンブス像

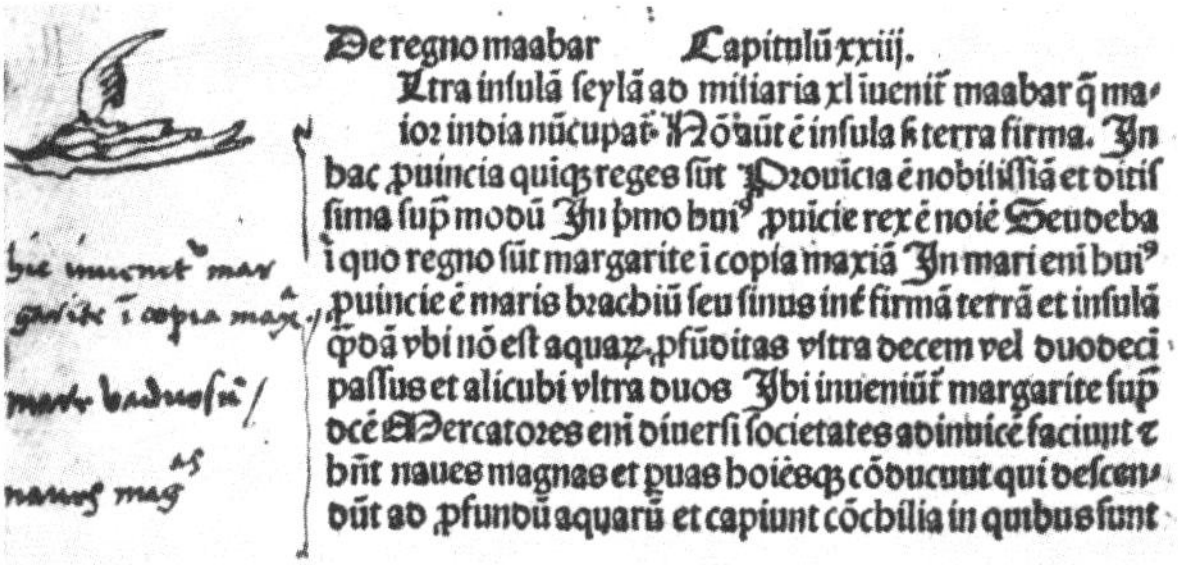
De regno maabar　Capitulū xxiij.
Ultra insulā seylā ad miliaria xl iuenit maabar q̄ maior india nūcupat. Nō aūt ē insula s; terra firma. In hac puincia quinq; reges sūt. Provicia ē nobilissiā et ditissima sup modū. In pmo hui9 puicie rex ē noie Seudeba i quo regno sūt margarite i copia maxiā. In mari eni hui9 puincie ē maris brachiū seu sinus int firmā terrā et insulā q̄dā vbi nō est aquaz pfūditas vltra decem vel duodeci passus et alicubi vltra duos. Ibi inueniūt margarite sup dcē. Mercatores eni diuersi societates adinvicē faciunt et hūt naues magnas et puas hoiesq; cōducunt qui descendūt ad pfundū aquarū et capiunt cōcbilia in quibus sunt

●―コロンブスの書き込みのある『見聞録』(ラテン語訳)マーバル王国の条

●―「新大陸発見」前の大西洋観　一四九二年、コロンブス第一回航海の年、ドイツ人マルティン・ベハイム(一四五九〜一五〇七)は、ニュルンベルグで地球儀を作成した。そこでは『東方見聞録』にあるカタイやマンジやジパングはヨーロッパの西に位置づけられている。左図はそれにもとづく地図の上に実際の新大陸の形状を重ねたものである。

▼トスカネリ（一三九七〜一四八二） フィレンツェの天文学者・医者。一四七四年六月、ポルトガル国王マヌエル一世に手紙を送り、西方へ向かって航海すれば、インドに到達することができると説いた。のちのコロンブスの航海に影響をおよぼしたといわれる。

大航海時代、コロンブスが第一回航海に出発する一四九二年頃にはいまだ『見聞録』を入手できず、読んでいなかったらしい。そのかわり『見聞録』に由来する東アジア情報は、フィレンツェの学者トスカネリ▲がコロンブスに宛てたという書簡から間接的にえていた。

その書簡には『見聞録』にある、ザイトンは一大貿易港として栄えていること、キンサイは天の都という意味であること、ジパング島には黄金・真珠・宝石が豊富にあり、寺院・宮殿は金におおわれていることなどが紹介されていたのである。

コロンブスは、数カ月航海してカリブ海に達するが、すでに東アジアの海域にはいったと判断した。『航海誌』一四九二年十月の条によると、クーバ（キューバ）島をジパングに違いないと判断し、翌十一月一日の条によると、到達地点はザイトンからもキンサイからも一〇〇レグア（約六〇〇キロ、どのように算出した数値であるか不明）の地であるとも見積もっている。一五〇二年五月には第四回航海がはじまる。その報告のなかでは、すでにコロンブスは『見聞録』そのものを読んでいたと思われるが、〇三年五月、「カタヨ」（カタイ）州と境を接する「マゴ」(マンジ)州に着いたと述べている。

このようにコロンブスは『見聞録』に由来する東アジア情報をたよりにして到達した地域を理解していた。ここでは『見聞録』はもはや単なる読み物ではなく、ガイドブックとしての役割をはたしていたことになる。

前に取り上げたように、「序章」によると、フビライはポーロ兄弟を対教皇使節とし、キリスト教につうじた「賢者」一〇〇人の派遣を要請したが、結局一人も派遣されずに終わる。この記述が疑わしいことは前に述べたが、トスカネリはその書簡で、かつて大カーンが教皇のもとへ使者を派遣してキリスト教を伝える学者の派遣を要請しようとしたが、使者は途中から引き返してしまったと述べている。

コロンブスはその『航海誌』の序文によると、第一回航海の出発に先立ち、自らの事業のパトロン、フェルディナンド▲とイサベラ▲両王に対し、二人の歓心を買おうとしたのであろうか、右の故事を踏まえ、いささか話に尾ひれをつけ、次のようにいう。

「〔大カーンは〕我らの聖なる教えを乞うため、幾度となくローマに使節を送

▼**フェルディナンド**(一四五二〜一五一六) アラゴン王としての在位は一四七九〜一五一六、カスティーリア王としての在位は一四七四〜一五〇四。

▼**イサベラ**(一四五一〜一五〇四) カスティーリア女王。在位一四七四〜一五〇四年。フェルディナンドと六九年に結婚。

り、我らが聖なる信仰の博士の派遣を要請されたにもかかわらず、教皇殿は一度たりともこの君主のもとに人を派遣されぬまま終わり」、その結果「いかに多くの民が偶像崇拝に陥り、自ら破滅の宗派を受け入れ、滅びたか」という話をする(青木康征編訳『完訳コロンブス航海誌』三八頁)。

それを受けて両王は、コロンブスに対し、現地事情を調査し、キリスト教に改宗させる手立てを調べるようにと指示し、カタイの大カーンに宛てた書簡まで用意した。大カーンの名前はわからないから宛名は空欄にしてある。もちろん中国では、とうの昔に大カーンの時代は終わり、明王朝の時代にはいっていた。

その両王の書簡には「貴国」大カーンが「我ら」「我らの国」について関心を寄せていることは承知している、当方より船長コロンブスを派遣する、この人物に信頼を寄せ、当方の事情を聞き出すように、という趣旨がしたためられていた。その書簡を託されたコロンブスは、外交使節と宣教の露払い的な役割をもはたすよう期待されていたことになる。

カリブ海に達し、カタイに近づいたと思い込んでいたコロンブスは、両王の書簡のことを忘れてはいなかった。『航海誌』一四九二年十月二十一日の条に「わたしは大陸へ赴き、キンサイの都にて両陛下よりの書状をグラン・カンに奉呈し、返書を賜り、これを持って帰着する考えに今も変わりない」（青木訳）と記す。もちろん、コロンブスがキンサイを都とし、「グラン・カン」の居所とみていたのは誤りである。トスカネリ書簡の誤りを踏襲したのであろう。

さらに一五〇三年、第四回航海についてコロンブスが両王に宛てた書簡のなかに、例の大カーンが賢者の派遣を求めていた件について、「私が賢者をたしかに連れていくことを、神の御名においてお約束するものであります」（林屋永吉訳『全航海の報告』二四〇頁）としたためている。ここではコロンブスは例の故事を踏まえ、さらに一歩踏み込んだことを表明している。せっかく大カーンより、キリスト教につうじている賢者を派遣するように求められながら、なにも対応してきていない。今度こそ自分が賢者をカタイの大カーンのもとへ連れて行く、と決意を表明しているのである。

マルコの伝える、ジパングの金や、ザイトン・キンサイの物産にコロンブスが注目したことは改めていうまでもないが、フビライが教皇に人材派遣を要請していたことも、たとえ作り話であったにせよ、敬虔な信徒コロンブスには看過しがたいことであった。彼はカトリック王国両君主の歓心を引き、自ら宣教上の使命感をもいだきつつ、世界の一体化の幕開けとなる大航海に乗り出していったのである。

マルコ・ポーロとその時代

西暦	齢	おもな事項
1254	0	マルコ・ポーロ誕生。
1260	5	ニコロ・マテオ兄弟(以下ポーロ兄弟), ヴェネツィアからコンスタンティノープルへわたる（のちソルダイアへ向かう)。フビライ，即位する。
1261	6	ラテン帝国，崩壊する。ビザンツ帝国，復活する。
1262	7	ベルケ（キプチャク・ハン国）とフレグ（イル・ハン国）のあいだに戦争はじまる。ポーロ兄弟，東方に向かう。
1264 または65		ポーロ兄弟，フビライの宮廷にいたる。
1269	14	ポーロ兄弟，アークルにいたる。
1271	16	マルコとポーロ兄弟，ヴェネツィアをたつ。のち，アヤスを経由して東方に向かう。
1273	18	南宋側の要衝襄陽，フビライ側にくだる。
1274	19	マルコら，上都にいたる（のち大都に移る)。
1276	21	フビライ軍の将軍バヤン，南宋の都臨安＝キンサイに入城する。
1279	24	南宋の残存勢力，消滅する。
1282	27	フビライの権臣アフマッド，殺害される。
1285	30	フビライ，マーバルへ使節を派遣する。マルコ，一時，チャンパ国に滞在か。
1290	35	マルコら一行，泉州をたつ。
1291	36	マムルーク朝，アークルを占領する（イェルサレム王国滅亡)。
1293	38	マルコら一行，ホルズムにいたる。
1294	39	フビライ，没する。ヴェネツィア商船団，ジェノワに襲われる。
1295	40	マルコら一行，ヴェネツィアに帰る。のち，マルコ，とらえられてジェノワへ送られ,幽閉される。マルコとルスティケロ『見聞録』を作成する。
1298	43	ヴェネツィアとジェノワ，クルツォラ島沖で戦う。
1299	44	マルコ，ジェノワからヴェネツィアに帰る。
1320頃		ピピーノ修道士，ラテン語訳『東方見聞録』を作成する。
1324	69	マルコ，遺言書を作成し，没する。

参考文献

青木一夫訳『マルコ・ポーロ 東方見聞録――全訳』校倉書房，1960年
青木康征編訳『完訳コロンブス航海誌』平凡社，1993年
岩村忍『マルコ・ポーロの研究』上，筑摩書房，1948年
岩村忍『マルコ・ポーロ――西洋と東洋を結んだ最初の人』岩波書店，1951年
フランシス・ウッド(粟野真紀子訳)『マルコ・ポーロは本当に中国へ行ったのか』草思社，1997年
宇野伸浩「イル・ハーン国のコケジン・ハトン」NHK 取材班編『大モンゴル 2――幻の王プレスター・ジョン世界征服への道』角川書店，1992年
榎一雄『ヨーロッパとアジア』大東出版社，1983年(『榎一雄著作集』第 6 巻，汲古書院，1993年)
愛宕松男訳注『東方見聞録』1・2，平凡社，1970・71年
愛宕松男『東洋史学論集　第 5 巻(東西交渉史)』三一書房，1989年
佐口透編『モンゴル帝国と西洋』平凡社，1970年
佐口透『マルコ＝ポーロ――東西世界を結んだ不滅の旅行家』清水書院，1977年
高田英樹「マルコ・ポーロ年次考(1)・(2)中世ヴェネツィア年代記」『大阪国際女子大学紀要』25号(1)・25号(2)，1999年 9・11月
月村辰雄・久保田勝一訳『全訳 東方見聞録――「驚異の書」fr.2810 写本』岩波書店，2002年
月村辰雄・久保田勝一訳『マルコ・ポーロ 東方見聞録』，岩波書店，2012年
長澤和俊訳『東方見聞録』小学館，1996年
林屋永吉訳『コロンブス　全航海の報告』岩波書店，2011年
ヘンリー・H. ハート(幸田礼雅訳)『ヴェネツィアの冒険家――マルコ・ポーロ伝』新評論，1994年
深澤正策訳『マルコ・ポーロ旅行記』改造社，1936年
マルコ・ポーロ，ルスティケッロ・ダ・ピーサ(高田英樹訳)『世界の記――「東方見聞録」対校訳』 名古屋大学出版会，2013年
ジョン・ラーナー(野崎嘉信・立崎秀和訳)『マルコ・ポーロと世界の発見』法政大学出版局，2008年

中国国際文化書院『中西文化交流先駆――馬可・波羅』商務印書館，1995年
申友良『馬可・波羅時代』中国社会科学出版社，2001年
余士雄(編)『馬可波羅介紹与研究』書目文献出版社，1983年
彭海『馬可波羅来華史実』中国社会科学出版社，2001年
楊志玖『馬可波羅在中国』南開大学出版会，1999年

Haw, Stephen G., *Marco Polo's China: a Venetian in the realm of Khubilai Khan,* London, 2006.
Latham, Ronald., *The Travels of Marco Polo.* London, 1958.
Moule, A. C. & Pelliot, P, *Marco Polo, the Description of the World,* 2 vols. N. Y. & Tokyo, 2010.
Olschki, Leonard., *Marco Polo's Asia,* Berkeley & Los Angeles, 1960.
Ricci, Aldo, *The Travels of Marco Polo,* tramslated into English from the text of L. F. Benedetto. London, 1931.
Vogel, Hans Ulrich, *Marco Polo was in China,* Leiden, 2013.

Watanabe, Hirosi. *Marco Polo Bibliography 1477-1983.* Tokyo : Toyo Bunko, 1986.
Yule, H. & Cordier, H., *The Book of Ser Marco Polo,* 3 vols, N. Y., 1986.

図版出典一覧

Drège, Jean-Pierre, *Marco Polo et la Route de la Soie,* Paris, 1989. *21*中, *27*上, *75*上
Fernández-Armesto, Felipe, *Columbus* Oxford, 1991. *83*下
Gibson, Michael, *Genghis Khan & The Mongols,* London, 1973. *40*
Heers, Jacques, *Marco Polo,* Paris, 1983. *67*下
Lequenne, Michel, *Christophe Colomb, Amiral de la mer Océane,* Paris, 1992 *83*上
Morgan, David, *The Mongols,* Oxford, 1986. *29*
Niedersächsisches Landesmuseum, *Marco Polo, Von Venedig nach China,* Hannover, 2011. *67*上
Olschki, Leonard., *Marco Polo's Asia,* Berkeley & Los Angeles, 1960. 扉, *3, 82*
Rugoff, Milton, *Marco Polo's adventures in China,* N. Y., 1964. *9*中, *9*下, *21*上, *27*下, *70, 72, 83*中
Yule, H. & Cordier, H., *The Book of Ser Marco Polo,* 3 vols, N. Y., 1986. *22, 75*下右, *78*
Zolzi, Alvise, *Marco Polo, Venezia e l'Oriente,* Milano, 1989. *27*中
Zolzi, Alvise, *Vita di Marco Polo Veneziano,* Milano, 1982. *21*下
国立故宮博物院『故宮図像選萃』台北，1971. *73*
ユニフォトプレス提供 カバー表，裏
乙坂智子氏提供 *75*下左

海老澤哲雄（えびさわ　てつお）
1936年生まれ
東京教育大学大学院文学研究科博士課程中退
元帝京大学教授　博士（文学）
専攻，モンゴル帝国史

主要論文

「西欧とモンゴル帝国」『移動と交流』（シリーズ世界史への問い 3）（岩波書店 1990）
「カルピニ修道士とモンゴル帝國」『東方學』第 105 輯（東方学会 2003）
「ルイ王あてモンケ書簡・フレグ書簡覚書」『社会文化史学』52 号（社会文化史学会 2009）

世界史リブレット人㉟

マルコ・ポーロ

『東方見聞録《とうほうけんぶんろく》』を読《よ》み解《と》く

2015年12月20日　1版1刷発行
2021年11月30日　1版2刷発行

著者：海老澤哲雄《えびさわてつお》

発行者：野澤武史

装幀者：菊地信義

発行所：株式会社 山川出版社

〒101-0047　東京都千代田区内神田1-13-13
電話　03-3293-8131（営業）8134（編集）
https://www.yamakawa.co.jp/
振替　00120-9-43993

印刷所：株式会社 プロスト

製本所：株式会社 ブロケード

 ISBN978-4-634-35035-9